大都會文化
METROPOLITAN CULTURE

大都會文化
METROPOLITAN CULTURE

大都會文化
METROPOLITAN CULTURE

大都會文化
METROPOLITAN CULTURE

有一種心態叫放下

貳

前言

幸福是鎖，放下是打開的匙

無論你是富貴還是貧窮，身分高貴還是卑微，對幸福的渴望都是相同的。可是，人們總在幸福之前加以「追求」或「爭取」這個動詞，彷彿幸福是那耀眼的金牌，必須經過一番競爭與奮鬥才能得到。這讓很多人認為，幸福是來自於自身之外的某樣東西。

然而，當你得意地看著手中辛苦掙來的戰利品時，卻隱約有一絲失落，因為你所期待的「幸福」，並未隨之而來。那是因為，你還沒有找到那把開啟幸福之鎖的鑰匙。

當惱人的情緒來襲時，如何重拾愉快的心情？當人生有很多不公平要去接受時，當生活難免出現逆境時，逃避解決不了問題，只有懂得放下，用智慧把責任承擔起來，才能真正地從困擾的問題中獲得解脫。因此，放下的幸福，簡單而深沉。放下之後，你會看到天空的蔚藍，感受到陽光的溫暖；你會聞到芳草的清香，聽到動人的音樂……伏爾泰說：「使人疲憊的不是遠方的高山，而是鞋裡的一粒沙子。」在人生的道路上，要想邁步遠行，就必須學會隨時倒出「鞋裡」的那粒「沙子」。這小小的「沙粒」就是那些需要放下的東西。當你決定放下的那一刻，也許你就找回了自己，找回了快樂。

禪的最高境界，即「放下」。「放下」的禪理類同於「得與失」的智慧。失即是得，這雖是一種痛苦，但也是一種幸福。因為只有失去，空下的雙手，才能拾起新的幸福。過去的事情已然過去，繁華似錦也罷，一塌糊塗也罷，歸零是必然的。現實早已重啟，你還戀戀不捨，耿耿於懷，心裡放不下，又是何苦呢？該放下的就應該放下了。睡覺時照常睡覺，吃飯時照常吃飯，該怎麼生活就怎樣生活。

人生歷程充滿了變數，一些你已經得到的，不見得永遠是你的，所以要學著用淡泊的心態去看待事物，而那些需淡泊看待的事物，也許就是你該放下的部分。學著放下，放下包袱去生活，才能感覺輕鬆。快樂源於知足，知足源於放下，放下的愈多，就愈容易知足，知足而樂！

放下壓力，獲得輕鬆；放下煩惱，獲得快樂；放下自卑，獲得自信；放下懶惰，獲得充實；放下消極，獲得進取；放下抱怨，獲得舒心；放下猶豫，獲得瀟灑；放下狹隘，獲得自在……「塞翁失馬，焉知非福」。人生在世，每一個人都要懂得放自己一馬，也要放別人一馬，別把生命浪費在鑽牛角尖上。只有懂得該放下時就放下，你才能夠騰出手來，抓住真正屬於你的快樂和幸福。

目錄

第七章　絢爛情感，淨化心靈——愈放下愈多姿　177

第八章　修身養性，心隨意動——愈放下境界愈高　199

第一章
為人處世，正確取捨——愈放下得愈多

很多時候我們都應該懂得「放下」。

能否捨棄人生路上必須放下的東西，這是衡量一個人是否成熟、是否具有智慧的重要標準。因為只有當一個人能夠冷靜而準確地認識自己，認識環境，能夠理性、客觀地規劃自己的理想與生活的時候，他才敢放下，才能夠放下。

放下是大自然的規律，是生存的一種方式，是勇敢者的行為，每一次放下都是為了下一次得到更多的回報。

1．放棄「理想主義」，構建和諧

理想對應著現實，理想主義是現實主義的對手。現實是殘酷的，一味地追求自己所謂的理想主義，就會不小心忽略了身邊原本屬於自己的美好事物。何不試著放棄「理想主義」，輕鬆自然地生活，接受別人也放下自己，建立和諧的人際關係！

放棄「理想主義」，贏得尊重

有這樣一個故事：某一天，有位老師讓班上每個同學各帶個大袋子到學校，並讓每個人去買一袋馬鈴薯，大家都以為老師發神經，或者猜想她對馬鈴薯有特殊的喜好。

第二天上課時，老師要同學們想想，如果有自己不願意原諒的人，就挑出一個馬鈴薯，並將這人的名字以及犯錯的日期都寫在上面，再把馬鈴薯放回袋子裡，這是這一周的作業。

第一天大家覺得還蠻好玩的，快放學時，很多同學的袋子裡已經有了好多個馬鈴薯，他們把彼此之間不開心的每件事都欣然地寫在馬鈴薯上放到袋子裡，並發誓不原諒這些「對不起」自己的人。

下課時老師說，在這一周的時間裡，大家不管到哪兒都必須帶著這個袋子。同學們扛著袋子到學校，回家，甚至和朋友外出時也不例外。一周後，袋子裡的馬鈴薯就很多了，有些人已經裝了近五十個馬鈴薯在裡面，真把大家壓垮了，巴不得這項作業趕快結束。一周過去了，老師問：「你們知道自己不肯原諒別人的結果了嗎？會有重量壓在肩膀上，你不肯原諒的人愈多，這個擔子就愈重，對這個重擔要怎麼辦呢？」老師問了很多人，可大家都回答不出來，這時老師說：「很簡單啊，放下來不就行了嗎？」

如今，人們生存在快節奏、高競爭的環境裡，有了前所未有的壓力，使得人際關係出現了敏感脆弱的新特點。而一個不能將同事朋友關係協調良好的人，是不可能出色地完成自己的工作，也不可能好好地享受生活。為什麼就不學著接受別人呢？這個世上根本就不存在完美的人。所以，與人相處，一定要把心態放平和，也許別人做了對你不利的事，可是誰敢保證自己就沒有做錯事的時候呢？這完全是因為你自己的「理想主義」在作怪，人不能要求事事都完美，當與別人有不同意見時，你要做的不是否定別人的觀點，而是試著去接受別人，因為並不是所有的事情都是以你的意志而轉移的，放棄你的

「理想主義」，你會發現你的世界充滿了陽光。

「放下」在為人處世中有著巨大的功用，在現代社會中愈發突顯。放下對別人不滿和怨懟的同時，真正放下的是你自己的負擔，你在卸下重擔的過程中其實還贏得了尊重。放下你的「理想主義」將為你迎來一個和諧的人際網。

放棄「理想主義」，和諧交際

一個人要在社會上做到無往不勝，處理好人際關係是最基本也是最關鍵的一項。班傑明．富蘭克林說過：「成功的第一要素是懂得如何搞好人際關係。」人際交往中，有時發生矛盾，心存芥蒂，產生隔閡，個中情結，剪不斷，理還亂。社會是一個複雜的大家庭，如果過分地崇尚個人完美主義，就只能自己一個人孤孤單單，這樣的人生又有何意義？

想做一個受人歡迎的人，那就需要把「理想主義」徹底放棄。那麼如何才能放棄它呢？

首先，和不同性格的人交往。人的一生，要打交道的人很多。現代社會，各種資訊的交流增多了，人們的社會活動也頻繁了，由於工作、學習、生活的需要，每個人都不可避免地要與各種不同職業、不同思想的人交往，當然，這些人的性格是不同的。那麼，我們如何才能與不同性格的人友好地相處呢？每個人都應該要想到，既然別人與自己性格不同，那麼他在待人接物方面，自然有許多地方跟自己不一樣，當我們看到了別人與自己不同之處後，不要覺得這也不順眼，那也看不慣，更不要討厭和嫌棄別人。我們要承認差別，當你領悟到了這一點後，看到不同性格的人，就不會強求別人處處和自己一樣，就可以容忍相互間性格上的差別。兩個性格不同的人在一起，由於對比明顯，雙方可能會很快發現對方的長處和短處。發現了別人的短處之後，正確的態度是提醒別人，幫助他。世界上一切事物都不是盡善盡美的，每個人在思想上、性格上都會有缺點，我們對人不能求全責備。同時我們更要注意發現別人的長處和優點。這樣，大家不僅能夠和睦相處，相互間還會有所補益。把胸懷放寬一些，氣量放大一些。那麼，你會發現，與人相處其實是一件很容易的事，那些往日與人相處的煩惱也會一掃而空。

其次，有一顆寬容厚道的心。古語說「海納百川，有容乃大」，又說「水至清則無魚，人至清則無友」，無論是在生活中還是在工作和學習中，人們總是喜歡和那些寬容厚道的人交朋友，正所謂「寬則得眾」。與人相處，要少一點自以為是，多一點換位思考，就會少一些誤解和摩擦，多一些理解與和諧。要有人情味，要關心人、愛護人、尊重人、理解人。人與人相處，應當減少「火藥味」，增加人情味。如果處處只為自己著想，讓別人的步伐永遠跟著自己走的話，時間長了只會讓自己孤立。如果有了一個寬廣的交際網，那麼你不管做什麼事都會更加順暢。良好的人際關係，是一筆取之不盡、用之不竭的財富，它能讓你受用一生。

放棄「理想主義」，去接觸身邊形形色色不同的人，客觀地認識別人，真誠地接受別人。當今社會，處處都需要與人合作，沒有一個和諧的生活環境就無法在這個社會上生存。所以我們理當放棄「理想主義」，才能構建和諧。

智慧品人生

有著「理想主義」的人，比較敏感，通常不能理解、體會別人的心情，僅僅憑個人的好惡或價值觀來判斷事情的好壞，並希望別人也以同樣的角度和標準來處理問題，這樣的人通常一個人自居，沒有朋友分擔痛苦，也沒有朋友分享成功。然而，沒有朋友的人生是沒有意義的。記住，放棄「理想主義」，回歸自然，用一顆平常心對待每一個人，那麼，你會活得充實而快樂。

2・摒棄猜疑，迎來友誼

疑心病是友誼的毒藥。

——培根

多疑：以小人之心，度君子之腹

現實生活中，很多人存在著猜疑、不信任他人的不良心態。猜疑是人性的弱點之一，一直以來，都是害人害己的禍根，是卑鄙靈魂的夥伴。一個人一旦掉進猜疑的陷阱裡，就會處處神經過敏，事事捕風捉影，對他人失去信任，對自己同樣心生疑竇，不僅損害正常的人際關係，還損害自己的身心健康。

有這樣一個故事：有一個人，丟失了一把斧頭，他懷疑是他的鄰居偷了。他留心觀察，覺得鄰居走路、說話、神態都像是偷了他的斧頭，他肯定鄰居就是小偷。不久，他在自家地裡找到了斧頭，再觀察鄰居，覺得他說話、走路、神態竟全然沒了小偷的樣子。為什麼這個找不到斧頭的人會對同一個人做出前後兩種截然不同的判斷呢？這足以說明猜疑是一種主觀的想像和推測，它不是以客觀事實為依據的。喜歡猜疑的人通常有以下幾個特徵。

一是沒有健康的心理。別人善意的、正常的言行他們常常會歪曲地去理解。例如別人讚揚他，他會懷疑是在挖苦、譏諷他；別人批評他，他會認為是攻擊他；別人不理他，他懷疑別人是在孤立他。過度猜疑使其心胸狹窄，無法容納別人對他的正確評價。

二是想法過於主觀。他們總是戴著「有色眼鏡」去觀察人，用別人的舉動來驗證而不是修正自己的看法，因而常常歪曲事實，對別人產生懷疑。

三是缺乏自信。他們總要以別人的評價來作為衡量自己言行的是非標準，很在乎別人的說長道短。當別人的態度不夠明朗時，他就要從不利於自己的方面去猜疑、懷疑，自尋煩惱。

猜疑的人喜歡聽信流言，不做調查分析，從而產生疑慮。任何時候，猜疑都是人際關係的大敵。它會破壞朋友間的友誼，疏遠同學間的關係，無端地挑起同學和朋友間的矛盾糾紛，也會影響自己的情緒。生活在猜疑中的人，總是鬱鬱寡歡，缺少內心的寧靜。如《紅樓夢》中的林黛玉就是個疑心病很重的人。本來她的身體就弱，再加上常常在猜疑中度日，使自己情緒沮喪，常暗自垂淚，結果是身心俱損，早年夭折。

日常生活中，常會遇到一些疑心很重的人，他們整天疑心重重、無中生有，認為人人都不可信、不可交。如果看見幾個人背著他講話，就懷疑是在講他的壞話；別人對他態度冷淡一些，又會覺得別人對自己有了看法等，他們總覺得別人在背後道自己是非，或給自己使壞。喜歡猜疑的人總是特別留心外界和別人對自己的態度，有時別人脫口而出的一句話他也會琢磨半天，努力挑出背後的涵義，這樣的心態使他不能輕鬆自然地與人交往，久而久之不僅自己心情不好，也影響人際關係。

總是對別人無端地猜疑，說是無端，實則有端，猜疑源於褊狹的心性。「以小人之心，度君子之腹」，疑心太重的人，總怕別人爭奪自己的所愛、所求、所得，怕別人損害自己的利益，終日疑神疑鬼，顧慮重重。如果你總是對別人不放心，那麼別人還能對你堅信不疑嗎？雖然說防人之心不可無，但是如果時時提防、處處疑心，永遠都不會交到知心朋友。

無端猜疑，害己殃人

「宋有富人，天雨牆壞。其子曰：『不築，必將有盜。』其鄰人之父亦云。暮而果大亡其財，其家甚智其子，而疑鄰人之父。」這就是眾所周知的「智子疑鄰」的故事。故事大意是：宋國有一個富人，有一天下大雨，淋壞了他家的牆。富人的兒子說：「要是不修築，一定會有盜賊來偷東西。」鄰居家的老先生也這麼認為。到了晚上，富人家果然遺失了很多東西。結果，那個富人認為自己的兒子聰明，卻懷疑是鄰居家的老先生偷了他們家的東西。由此可見，猜疑讓善意被曲解為惡意，讓好心被認為歹心，從而扭曲了事情的本來面目。

猜疑心重的人總是無中生有地起疑心，對人對事不放心，小心過甚。人有了猜疑之心，對待朋友、看待事物，就不能從客觀實際出發，進行合乎邏輯的判斷、推理，而是憑藉一點表面現象，主觀臆斷，隨意誇大，進而扭曲事物，得出一個不切實際的結論，或者先入為主，先設框框，然後察言觀色；甚至無中生有，把幻覺當真，把一些毫無關係的現象也當做事實材料，硬拿來做證據。

猜疑使人際交往中本來很小的疙瘩發展成長期的不和。自古以來，不知有多少人因為猜疑疏遠了朋友，中斷了友誼，甚至斷送江山。猜疑不僅害己還殃人。

《三國演義》中有這樣一段描寫：曹操刺殺董卓敗露後，與陳宮一起逃至呂伯奢家。曹呂兩家是世交。呂伯奢一見曹操到來，本想殺一頭豬款待他，可是曹操因聽到磨刀之聲，又聽說要「縛而殺之」，便大起疑心，以為要殺自己，於是不問青紅皂白，拔劍誤殺無辜。

由猜疑導致的悲劇數不勝數。只有摒棄它，才能獲得朋友，才能迎來友好的人際關係。那麼，如何才能摒棄它呢？

喜歡猜疑的人，首先要開闊自己的心胸，加強自身的修養，培養開朗、豁達、大度的性格。需要澄清的事實，誠懇同別人交換意見；對雞毛蒜皮的小事，就不要計較。不必在乎別人的態度與說法，「未做虧心事，不怕鬼敲門」，「走自己的路，任別人去說吧」。這些話都是鼓勵人們要心胸坦蕩、豁達開朗的。人的一生，受他人的議論是在所難免的，只要時時檢點自己的行為，相信別人也不會跟自己過不去。相反，如果一切都要按別人的意志去做，自己又該怎麼活下去？對似是而非的流言，不要偏聽偏信，要用理智分析對待，靜觀事情的變化，不能感情用事。有些人一聽到流言，就暴跳如雷，說風就是雨，迫不及待地找上門去爭辯。最終卻因為缺乏調查研究，很有可能找錯了證據，反倒使自己陷入尷尬被動的局面。

過度的猜疑是自己折磨自己，「杯弓蛇影」的典故就是很好的例證。弓影投映在盛酒的杯中，好像小蛇在游動，飲者以為真的把「蛇」吞下去了，於是越想越噁心，結果害得自己重病一場。這就是所謂的天下本無事，庸人自擾之。一個人如果疑心太重，到頭來只有自討苦吃。

智慧品人生

許多人都有猜疑別人的時候，有時疑心是人在社會生活中保護自己和預防性保護自己的正常心理活動。但疑心的程度有輕重，過於疑心和過於敏感就是不正常的了。人生在世，你總要與別人打交道，如果你總是充滿了猜疑，那你不可能在這個世界上安定地生存，甚至會被淘汰。生活中的欺騙畢竟是少數，更多的是美好，你多信任一個人，就多一個朋友，多一道交際的橋樑，也多一點成功的籌碼。

3・讓他一牆又何妨

千里告狀為一牆，讓他一牆又何妨。萬里長城今猶在，何處去找秦始皇。

——鄭板橋

吃虧是福

乾隆年間，在外地做官的鄭板橋忽然收到弟弟鄭墨的一封信。原來，在老家務農的弟弟想請他出面到當地縣令那裡為自己的案子說情，這讓他很為難。但是鄭板橋知道，弟弟並不是好惹是非的人，這次明顯是受人欺負，不得已而求之。

原來，鄭家與鄰居的房屋共用一牆。鄭家想重修舊屋，可鄰居卻出來干預，說那堵牆是他們祖上傳下來的，鄭家無權拆掉。其實房契上寫得很清楚，那牆是鄭家的，是鄰居借來蓋的房子。可這官司打到縣裡，尚無結果，雙方都難免求人說情。這時，鄭墨自然就想起了做官的哥哥，想到有契約在，再加上哥哥出面說情，這官司肯定贏定了。然而，讓鄭墨沒有想到的是，哥哥的回信是勸他息事寧人，寄了一個條幅給弟弟，上書「吃虧是福」四個大字。同時，還附帶了一首打油詩：

千里告狀為一牆，讓他一牆又何妨？

萬里長城今猶在，何處去找秦始皇？

接到信後，鄭墨感到非常慚愧，他當即撤訴，並向鄰居表示不再相爭。此時，鄰居也被鄭氏兄弟的一片至誠感動，他們表示也不願再鬧下去，於是兩家又重歸於好，仍然共用一牆。

俗話說「遠親不如近鄰」，「鄰里好，賽金寶」，鄰里之間唇齒相依，經常接觸，只有團結互助，相互禮讓，才會家家興旺，事業發達；「鄰里吵，不得了」，如果與鄰為敵，互不相讓，甚至大動干戈，只會導致兩敗俱傷。「讓他一牆」不僅可以顯示出自己的寬宏大量，又可以獲得心靈上的平靜和道義上的支援，還能使得兩家重修舊好，實現了雙贏。何不「讓他一牆」，放下成見，和平相處呢？

《道德經》上說：「天地所以能長久，就是因為它不為自己而活著。」《聖經》上也說：「在一切事上使眾人喜歡，不求我自己的利益，只求大眾的利益，為使他們得救。」生活中，難免有利益衝突，摩擦紛爭。為人處世，「為人處，即是為己處」。如今我們強調的「我為人人，人人為我」也是同樣的道理。如果沒有違背做人原則，「讓他一牆」又何妨呢？

「讓他一牆」是美德

鄰里之間如果互相謙讓，建立友好和睦的鄰里關係，不僅是心靈美的體現，也是美德。只要互相謙讓一點，我們的生活就一定會更加和諧美好，我們的心情就一定會更加舒暢。

住在樓下的小張嫌住在樓上的小黃家裡噪音大，雙方交涉時沒有掌握好分寸，進而使矛盾擴大，鄰里關係十分緊張，相互對峙了五年之久，居委會出面調解後效果也不理想。這時，從鄉下進城探親的黃媽主動找到張家人，瞭解到矛盾背後的具體情況。原來，黃媽的孫子不懂事，時常弄出很大的聲響，而樓下小張的爸爸身體又不太好，非常懼怕噪音。弄清楚原委後，黃媽回家責罵了小黃，教育了小孫子，還帶著小孫子到樓下賠禮道歉，從那以後，小黃對孩子看管得更嚴格，儘量不製造噪音。樓下的小張看到黃家的誠意後也表示原諒，也不再天天扯著嗓子吵架，兩家人的關係也恢復了正常。

東漢時期，有個叫羅明的人，一天見鄰居的牛吃了他地裡大片麥苗，他既不尋機報復，也不說長道短，而是到山上割了一大捆牛草悄悄地放到這位鄰居的門前。等鄰居開門看到牛草時，什麼都明白了，感到十分內疚。從那以後，鄰家的牛再也未闖入羅明的莊稼地，而兩家的感情也更深了。

其實，在我們身邊，類似「一牆之爭」的事情也是常有的。就拿夫妻離異分割財產來說，有人為多得一點利益，隱匿財產、偽造證據、大打出手，鬧得沸沸揚揚、劍拔弩張。其實，就算能多得到些利益，又能彌補多少情感上、心靈上的損失，與其苦苦糾纏，何不「讓他一牆」從頭再來？

再如，擁有一份平常的工作，心裡踏實、愉悅多好。可一些人總嫌錢少、權小、位卑而心理失衡。於是，與人爭、伸手要、上下跑。倘若沒能如願，心中就堵了一面自我壘起的牆，整日心煩意亂，少有輕鬆愉快。與其這樣，何不「讓出」這「一牆」呢？

「讓他一牆」不僅是一種胸懷，更是一種修養。當你與人發生矛盾時，要學會主動相讓。讓，不等於無能，不等於低人一等。讓，體現的是一種寬容的胸懷，大度的風格，高尚的情操。「讓」正是人與人之間的黏合劑。所謂，進一步「狹路相逢」，退一步「海闊天空」。「讓他一牆」，放下爭吵，得到和諧；「讓他一牆」，放下煩惱，得到快樂。

智慧品人生

「讓他一牆」的最終目的，就是讓你不長期生活在憂心、堵心與煩心之中。諸多事情不同，但道理相同、相通，很多時候，為人處世，只要你肯在某些問題上「讓他一牆」，你就會生活在輕鬆、滿足和快樂之中。放下你的不滿，放下你的成見，你就會發現愈放下得愈多。

4・得饒人處且饒人

沉舟側畔千帆過，病樹前頭萬木春。奪命長陽封喉劍，得饒人處且饒人。

——唐・釋不依

退一步天地寬，讓一招前途廣

古時，蔡州褒信縣有一個道人，他的棋藝精湛。每逢下棋，總是讓人先下，即使這樣，他也從來沒輸過。道士自鳴得意，作詩云：「爛柯真訣妙通神，一局曾經幾度春。自出洞來無敵手，得饒人處且饒人。」當時，「饒人」本指讓人一步棋，發展到如今，「得饒人處且饒人」已成為表示儘量對人寬容忍讓的一句話。

人生短暫，也就幾十年的工夫，有多少有意義的事等待我們去追求，與其在不斷的「討個說法」中浪費時間，倒不如心存一份寬宏，「得理之時且饒人」，與人一份寬容也是與己的一種仁厚。

如果你是一位得理不饒人的人，那麼你在與別人交談時，一定要學會克制自己，不能總想在嘴巴上占盡別人的便宜，否則時間長了，朋友就會逐漸疏遠你。在日常生活、工作中，有些人總是為一些小事爭得面紅耳赤，這樣的人，在社交場上永遠不會受人歡迎。

一次，一輛卡車途經某村莊時，一個中年農婦突然小跑著橫穿馬路，大卡車來了個急剎車，差點撞上農婦。這讓農婦火冒三丈，衝到駕駛室前對司機沒完地罵。

司機也沒說話，他只是點燃一支菸，慢慢地吸著，聽農婦沒完沒了的大罵。等農婦罵累了，這時司機才慢慢地說：「如果我剛才剎車晚了，你被軋死了，這會兒你還能罵嗎？」農婦一時語塞，無話可說了。

人不講理，是一個缺點；但人若硬講理，是一個盲點。其實，不管什麼時候，理直氣「和」都比理直氣「壯」更能說服、改變他人。

在日常生活中，一定要做到得饒人處且饒人，留一點餘地給得罪你的人，給對方一個臺階下。否則，不僅無法制服眼前的這個「敵人」，還會讓更多的朋友疏遠你。

人海茫茫，但卻常會「後會有期」，你今天得理不饒人，怎知他日二人不狹路相逢？若那時他勢旺你勢弱，吃虧的可能就只有你了。所以，「得理且饒人」，放下你的仇恨，也是為自己留條後路！得饒人處且饒人，你為別人留後路的同時，也為自己鋪就了一條通向和諧人際關係的陽光大道。

得饒人處且饒人就是放下

在生活中，每個人都會有難堪的時候、做錯事的時候、有求於人的時候，如果這時你處在有理的一方、得勢的一方、管束人和裁決者的一方，你會怎樣做呢？尤其是他們的那些錯誤或什麼事情牽涉到你的利益時，甚至他們與你有著深仇大恨時，你會怎樣做呢？你是有些得意，刻薄刁難？還是給人家一個臺階，放人家過關，不為難對方，就是仇人也放他一馬呢？不同的人可能有不同的做法。一般來說，心胸狹窄的人總是喜歡為難別人，他們不願意幫助別人，也不寬容或原諒別人。有時他們甚至會乘人之危，來讓自己開心，雞蛋裡挑骨頭，抓住別人把柄不放，洋洋自得。如果和他們有著深仇大恨，那只能是吃不完兜著走了。

其實，將心比心，寬容別人，不難為別人是一種美德。可有些人並不注重這種美德。這種美德能夠感化人，提升人們之間的互助親善關係，使社會形成一種寬厚、達觀的向善風氣，小人就不會產生，陰暗的東西就會少一些，當自己有了不幸的時候，也容易得到他人的幫助。

小李年輕的時候很好勝。在一次宴會上，大家有說有笑，有人提議每個人講一個笑話活躍氣氛。於是大家一個接一個講了起來，氣氛很活躍，全場人都很愉快。最後，輪到小李旁邊的一位先生講了。他講了一個幽默故事，在結尾還引用了一句話，大概意思是說：此地無銀三百兩，為了證明這句話，那位先生還特意提到這是《聖經》上說的。

小李知道這句話不是《聖經》裡說的，而是在莎士比亞的書中提到的，於是他糾正那位先生道：「這句話是出自莎士比亞的書。」

那位先生聽後覺得自己面子上掛不住，就出言反譏道：「什麼？出自莎士比亞的書？不可能，絕不可能！先生你一定弄錯了，我前幾天才特意翻了那一段，我敢打賭，我說的是正確的，一定是出自《聖經》。」

小李正想反駁，忽然想起自己的老友老陳是研究莎士比亞的專家，而他正好也在場，就轉向他說：「老陳，你說說，這句話是不是莎士比亞說的？」

老陳卻盯著他說：「小李，是你搞錯了，莎士比亞的著作上沒有這句話，這位先生是正確的，《聖經》上確實有這句話。」隨即在桌子下踢了小李一腳。

在回家的路上，小李向老陳抱怨：「你明知那句話本來就是出自莎士比亞的作品，卻還幫著他說話，真不夠意思，還讓我向他道歉，真是黑白不分了。」

老陳卻笑了：「莎士比亞的書上有這句話。可是，那個人也許是一位有名的學者，為什麼我們要去證明他錯，讓他下不了臺呢？記住：永遠不要和別人正面衝突。」

「得理不饒人」也許是你的權利。但不妨「得理且饒人」，給自己留條退路，也讓對方有個臺階下，為對方留點面子和立足之地，這樣，等到對方得理時，就會同樣也給你留點面子和立足之地。要知道「得饒人處不饒人」，事事求勝不僅容易引起別人的忌妒，有時還會影響你與他人的關係，所以「得饒人處且饒人」，在小事上求敗，從而在大事中求勝。

智慧品人生

「得理饒人」看似淡然，其實真要做到還真不容易。有「得理」之說，那就說明之前受到的待遇是不公正的，甚至是受到了屈辱。如此的狀況便是在心底烙了傷痕，或多或少都會產生一種「憤憤不平」的情緒，而這種情緒往往會在「得理」之後，變得振振有詞。可是，轉念一想，事情已得以澄清，公道已在人心，執著於一些形式上的公正又有何意義？當對方「無理」時，必會自知理虧，而你在「理」已明之下，何不放他一條生路，他會心存感激，來日自當圖報，就算不報，也可能不再與你為敵。

5．放下的處世之道

處世中待人接物的原則，就是看破、放下。放下是最重要的，放下自己的成見，放下自己的妄想和執著，這是從根本放下。

為人處世，放下是一種智慧

很久以前，有一個擁有萬貫家財卻極其吝嗇的老財主，他雖然很有錢，卻每天都很煩惱鬱悶。於是，他決定外出去尋找快樂。

途中，他看到一堆馬糞，如獲至寶，本想把它們鏟到自己的田地裡做肥料，可是一看路邊的地不是自己的田，便用衣裳下襟兜著馬糞往前走。時值盛夏，老財主兜著沉重的馬糞並伴著其散發出的強烈臭氣，幾乎把他熏倒，但他仍然踉踉蹌蹌兜著馬糞往前走。

走了沒多遠看到一個路人迎面而來，老財主便虔誠地向其討教快樂的秘訣。那人被馬糞熏得直想吐，一邊捂著鼻子一邊打著手勢說：「放下！放下！」然後匆匆地離開了。

放下？放下什麼呢？老財主不解。低頭一看才發現自己還兜著馬糞，便將馬糞倒在路邊的田裡，頓時感到如釋重負，心中湧出一股快意。同時也讓他有所悟：這不就是快樂嗎？還到哪裡去找？他開始回想自己大半生省吃儉用，積累財產，如牛負軛，罪沒少受，還活得十分沉重，沒有一點意思。由於對佃戶特別苛刻，使得眾人對他怨聲載道，這何苦呢？

自此之後，老財主便開始仗義疏財，將田分給窮苦人家種，災荒年月還開倉濟貧。由於廣結善緣，做善事，滋潤了他的心靈，他變得快樂起來。

人們身處滾滾紅塵中，經歷得多，也會想得多，久而久之在與人相處之時考慮得也多。太多的障礙、名韁利鎖的羈絆，把物質利益、名譽地位看得太重，心懷不開，常被這些自尋的煩惱壓得喘不過氣來，不懂得將那些惱人的名利放下，只會像那個守財奴兒著馬糞一樣，臭味熏得自己都受不了卻依然把它當寶，怎麼開心，怎麼愜意，怎麼輕鬆，怎麼瀟灑？

人生在世，每一個人都可能有像那個老財主一樣愚昧的時候。要想在社會上成功地為人處世，放下就是最好的選擇。放下被繃緊的戒心，放下諸多的猜忌，放下由於社會的不公而形成的自私心理，放下生活中羈絆自己前進的阻力，你才能敞開心扉，做自在的自己，處事時才不會束手束腳，這就是放下的處世之道，要成功，要做處世的智者，放下，讓你的人生不再打折。

人在紅塵，身不由己，每個人都希望自己擁有而不願放下。經商的人，得到了百萬，夢想著千萬；從政的人，當上了縣長，還想當總統；賭博的人，贏了這一次，還想贏下一次，結果是越來越放不下。為人處世中最要不得的就是放不下，放不下彼此間的摩擦，放不下心中的恩怨情仇，要想在為人處世中有個正確的取捨就只能是空談。

要達到高遠的目標，必須放下負擔，輕裝前行，在記得某些東西時，心甘情願放下某些東西。工作上，放下成績，記得缺點和不足；生活上，放下金錢和欲望，記得勤儉和樸素；情感上，放下怨恨和忌妒，記得與人為善，豁達寬容；忘記你對別人的恩惠，記得別人對你的幫助……在為人處世中，放不下那些負擔、缺憾、怨恨……只會讓自己站在人生的低谷中，呼吸不到高峰上的清新空氣。

學會放下，是積極的人生態度。有些人能夠成功，有些人卻屢屢失敗，關鍵就在於能否放下。只有放下那些影響自己廣結人緣、向前直行的煩惱，你才能在人生的路上越走越遠。

人生在世最常見的就是被一些微不足道、本可迅速忘掉卻一直耿耿於懷的小事所擾，因而失去理智，讓自己被無聊的瑣事糾纏，白白消耗了許多寶貴的光陰。時過境遷，還有誰會對這些事感興趣呢？放下，是人生的必修課，是人生各個階段必須面對的挑戰，更是人們在社會生活中應該掌握的生存藝術。

智慧品人生

快樂與否其實就在於放下與不放下之間的平衡。做人，至少不該放下正直；處世，至少不該放下寬廣的胸懷；做事，至少不該放下厚道。責任不該放下，良知不能放下，情義不能放下。不該放下的無論如何不要放下，否則你就會播下不幸的種子。該放下的自當平靜從容地放下，比如，過分的欲望、炫耀張揚、胡亂猜忌別人和陰暗的嫉妒等。放不下這些，就是在無端地折磨自己，自尋煩惱，傷己的同時還在傷人，並使自己成為最可憐和可恨的人。

第二章
調節心理，放下包袱——愈放下愈輕鬆

該放下的時候要放下，你才能夠騰出手來，抓住真正屬於你的快樂和幸福。

人的一生欲望無窮，貪婪、妒忌、自私、怨恨，如果把所有一切都放在心裡，扛在肩上，那麼你的心靈就會落滿塵埃而茫然無所適從，只有把這些痛苦的情緒都清空，黯然的心靈才會變得光亮，心情才能得到釋放。

1．放下自卑，向成功邁進

自卑的人，總是在自卑裡埋沒自己，記住，你是這個世界上唯一的。

——王紹男

刪去自卑，改變你的一生

基恩，美國著名的心理學家，因為他是個黑人，所以他遭到了不公正的待遇，在他的那個年代，種族歧視心理是誰也難以打破的藩籬，因為黑人在美國是沒有社會地位的。

在基恩小的時候，他常常躲在公園的角落，偷偷看著幾個白人小孩玩，但是因為自卑他從來沒有向前走過。

一天，有一個老人來公園賣氣球，白人小孩見到後全跑了過去，每個人都買了一個氣球，然後高高興興地放開手上的氣球，讓它們飛向天空。等到那些白人小孩都走了以後，基恩才怯生生地走到老人面前，小聲地說：「老爺爺，您可以賣一個氣球給我嗎？」

老人和藹地說：「當然可以！那麼你想要什麼顏色的氣球呢？」

基恩開心地說：「我想要一個黑色的。」

於是，老人遞給他一個黑色的氣球。接過氣球，基恩輕輕地鬆開了手，抬頭靜靜地看著氣球緩緩地上升。

老人笑著告訴他：「孩子，你看到了吧，氣球能不能升起，與顏色沒有關係！」

從此，基恩再也沒有因為自己是黑人而自卑，因為老人讓他相信，白人能做到的事情，黑人同樣可以做到。

麥斯威爾．馬爾茲醫生曾經說：「世界上至少有95%的人都有自卑感！」這個數字聽來十分嚇人，但若細心觀察，你、你周圍的親朋好友，有幾個人是真正的不自卑？又有幾個人不是整天訴說著自己的不幸？

世上最糟糕的事情就是把自己看成一個可憐的人，人一旦可憐自己，那麼他就真的很可憐了。

羅斯福夫人艾莉洛出自名門，按理說應該是個非常自信的女孩子，其實情況不然。正因為家中美女如雲，她的母親、嬸嬸都是社交界名媛，相形之下，她一直認為自己是個笨拙的醜小鴨，長相平凡、談吐羞澀，又不會跳舞，不會溜冰，簡直是無一長處！於是，她每天都生活在這種充滿自卑感以及他人的陰影之下。

這種情形一直持續到一次耶誕節的舞會。那天，有一位年輕人走上前來對她說：「我能請你跳支舞嗎？」就從這一次邀請之後，忽然有許多年輕人來邀她共舞。那位第一次邀她共舞的年輕人，就是美國政壇知名的人物富蘭克林・德拉諾・羅斯福。

艾莉洛的自卑與自信，就閃現在一線之間，相信在那一刻她的長相沒變，裝扮沒變，變的是她因為信心而導致臉上不同的光彩，一直以來自信就是最好的美容聖品。富蘭克林・德拉諾・羅斯福的一句話、一個邀請，便改變了艾莉洛的一生。

不過，現實生活中，我們不能像艾莉洛這樣以「守株待兔」的方式等待著別人來改變我們的一生，那太消極了。你只要瞭解自卑是無謂的，自卑與自信只是如此的一線之隔，越過去，那麼你便可以改變自己的一生。

自卑是一種病菌，它吞噬著人們的心靈，給人帶來莫大的痛苦。把自卑從你的字典裡刪去，自信就有了它本來的光彩！人的一生，只要意志的翅膀不斷，那麼挑戰生活、征服命運的飛翔就永遠不會停止。

放下自卑，邁向成功

人之所以自卑是因為心理上產生的一種消極的自我暗示，也就是「我不行」。正如哲學家斯賓諾莎所說：「由於痛苦而將自己看得太低就是自卑。」用最簡單的一句話說就是自己看不起自己。

人如果長期被自卑情緒籠罩，就會一方面感到自己處處不如人，一方面又害怕別人瞧不起自己，逐漸形成敏感多疑、多愁善感、膽小孤僻等不良的個性特徵。自卑使他們不敢主動與人交往，不敢在公共場合發言，消極應付工作和學習，不思進取。因為總是把自己當成弱者，所以他們無意識去爭取成功，只是被動服從並盡力逃避責任。自卑不僅會使心理活動失去平衡，而且也會引起人的生理變化，最敏感的是對心血管系統和消化系統產生不良影響。然而，這些生理上的變化又反過來影響人的心理變化，從而更加加重人的自卑心理。

那麼，如何才能打破這自卑的枷鎖呢？

首先，看待事物時要客觀全面。具有自卑心理的人，總是過多地看重自己不利和消極的一面，而看不到有利、積極的一面，缺乏客觀全面地分析事物的能力和信心。這就需要你努力提高自己透過現象看本質的能力，客觀地分析對自己有利和不利的因素，尤其要看到自己的長處和潛力，而不是妄自嗟嘆、妄自菲薄。

其次，自身的不足就要在積極的進取中彌補。有自卑心理的人大都比較敏感，容易接受外界的消極暗示，從而愈發陷入自卑中不能自拔。倘若能夠正確地對待自身的缺點，把壓力變成動力，奮發向上，則一定會取得成績和成功，從而增強自信、擺脫自卑。

再次，成功的自我形象還需在成功的回憶中建立。當你懷疑自己的能力並為自卑感所困擾的時候，不妨從過去的成功經歷中吸取養分來滋潤你的信心。切不可沉溺於對失敗經歷的回憶，把失敗的意象從你腦海中趕出去，因為那是你不友好的來訪者。失敗絕不是你的主要方面，而是你偶然存在的消極面，是你心智不集中所影響。你應該多強調自己成功的一面。一連串的成功，貫穿起來就會構成一個成功者形象。它會不時地向你暗示，你是具備決策力和行動力的，你能導演成功的人生。

無論是什麼樣的生活都不會完美無瑕，無論是什麼樣的人都不會十全十美。上蒼是公平的，在給予你這方面優勢的同時，你也得為其他方面努力不懈。這樣的你，生活才會充實有意義，才會更有拚搏的動力，用自己的努力來創造美好人生。能夠放下自卑的人，才能邁向成功。

智慧品人生

在日常生活中，很多人都曾經因受到自卑的困擾而感到煩惱，也許因為生活貧困，也許因為長相平凡，也許因為能力不夠出眾。然而許多時候的自卑其實是沒有太大的必要的，它往往是自己給自己施加壓力而造成的。這時候，只要你放下包袱，好好地正視自己，給自己加油鼓勵，那麼，心中的「結」就會自然而然地被解開，自卑也就不再存在。當你遠離了自卑，那麼你會發現你離成功也越來越近了。

2．放下怨恨，是對自己的寬容

多一份寬容，少一份怨恨，放過他人也就放過了自己。人要成大事，就一定要有寬闊的胸懷，只有養成了包容一些人和事的習慣，才能夠取得事業上的成功與輝煌。一個人不能容忍別人的缺點，就不可能擁有真正的朋友，而他的人生也難以成功。

——《何為貴》

金無足赤，人無完人

當我們看透「怨恨」的本質後，我們就會學著去「寬容」。寬容別人，同時就是寬容自己，給別人一個改過自新的機會，就是給自己一個廣闊的空間！

金無足赤，人無完人。人的缺點是客觀存在的，容不得別人的缺點勢必難以共事；由於人們的社會出身、經歷、文化程度和思想修養各不相同，所以人的性格各異。因此待人寬容就是指從根本上能夠接納各種不同性格的人，這不僅是一種道德修養，也是一門藝術。

從歷史上看，許多領袖人物，都是善於團結各種不同性格的人共同工作的典範；要善於容人之過，因為「人非聖賢，孰能無過」。寬容他人，給予他人尊重和信任，同時也是賜予自己幸福和快樂；寬容他人，給予他人微笑和友善，你的心靈便會很踏實和輕鬆，也只有懷有一顆寬容之心的人，才會看到生活中更美好、更真誠的一面。

有一段話說得很好：用感恩的心去感激傷害你的人，因為他磨煉了你的意志；用感恩的心去感激欺騙你的人，因為他增進了你的見識；用感恩的心去感激鞭打你的人，因為他清除了你的業障；用感恩的心去感激遺棄你的人，因為他強化了你的能力；用感恩的心去感激斥責你的人，因為他助長了你的智慧！

現實生活中有太多的壓力使我們的精神經常處於緊張的狀態，不妨適當地降低一些對自己的要求，對自己多一些寬容，笑看生活中的困難和挫折。寬容別人的缺點，你將會贏得別人的尊重。在人生的道路上，我們需要感情的理解、精神的安慰、生活的照顧、行為的支持。苦惱的時候，希望別人能接受自己的傾訴；成功的時候，希望別人能讚賞自己的成績；危難的時候，希望別人能伸出援助之手；困惑的時候，希望別人能予以指點……因此，我們要以開朗豁達的心境、熱情友好的態度，去尊重他人、理解他人、關愛他人、善待他人。

只有善待他人，才能把自己融入人群，獲得友誼、信任、諒解和支持；只有善待他人，才能調整失衡的心態，解脫孤獨的靈魂，走出無助的困境；只有善待他人，才能在人生的道路上，擁有充滿快樂的感覺，踏入充滿機遇的境界，走向充滿希望的未來。寬容待人是一種美德，是一種思想修養，也是人生的真諦，你能容人，別人才能容你。

把「怨恨」的心變成「感恩」的心，那樣你的心就會變得寬廣，變得平和。因為寬廣，所以才足以包容，包容那清淨的，也包容那汙穢的，包容善，也包容不善，就像廣闊的大地，不拒清淨汙穢，也像浩瀚的大海，不拒百川細流，更像無限的虛空，無所不含，無所不涉。願我們的心胸像大地一樣的寬廣。

寬容他人是善待自己的好方法

怨恨之心人皆有之，而人之所以為人，很重要的一方面是因為人有克制能力，能用寬容化解怨恨。假如怨恨勝過了寬容，那帶來的便只有血與火的暴力，帶來難以撫平的傷口。其實，寬容他人就是善待自己。

哲學家康德說：「生氣，是拿別人的錯誤懲罰自己。」別人犯錯了，我們緊緊咬住不放，猛烈指責，那此時將要犯錯的該是我們自己了。一個不肯原諒別人的人，就是不給自己留餘地，因為每一個人都有犯過錯而需要別人原諒的時候。

社會生活中，人與人之間在交往與接觸時，不可能不發生摩擦，但如何處理這種摩擦，卻是因人而異的，有的人處理起來便過於簡單而無理，往往把一件小事，自導自演得不可收拾，大有不鬧出命案誓不甘休之勢。相反，有的人處理起來卻是儘量簡單而又有理。本著寬容的心態大事化小，小事化無，給他人留有餘地，同時也給自己留有迴旋的空間。

當我們容忍了別人對我們的誤解，或是容忍了別人對我們的不公甚至侮辱，使我們在精神或物質上造成了一些傷害和損失，面對這些情況，內心大多表現不愉快或是怨恨，如果這個時候能拋棄這些想法，能夠寬容別人，我們的心胸就會變得寬廣，我們的心情也會變得愉快，別人也會在我們的寬容中，感受到我們的真誠，在他們的內心也會產生震撼，他們會反思自己的言行，甚至徹底改掉一些不好的習慣，這樣既給了別人改正的機會，還能使別人對你產生好感，實際上，最大的受益者還是你自己，因為你的心靈得到了淨化和昇華。

寬容的受益人不只是被寬容者，因為在寬容別人的同時也釋放了自己，我們遠離嫉妒與怨恨，就是遠離痛苦、心碎、絕望、憤怒和傷害。寬恕別人的過錯，寬容旁人的無意冒犯，寬容別人的缺點與不足，同時也寬容自己，善待自己。

寬容是一種豁達的心境，對於人生，也許只有擁有一顆寬容的心，才能面對自己的人生；寬容也是一種幸福，我們寬恕別人，不但給了別人機會，也取得了別人的信任和尊敬，我們也能夠與他人和睦相處；寬容是一種堅強，而不是軟弱。

荀子曾言：「君子賢而能容罷，知而能容愚，博而能容淺，粹而能容雜。」意思是說，君子賢能而能容納無能的人，聰明而能容納愚昧的人，知識淵博而能容納孤陋寡聞的人，道德純粹而能容納品行駁雜的人。這是一種海納百川，有容乃大的至高境界，不會寬容別人的人，是不配受到別人寬容的。

寬厚待人，容納非議，是事業成功、家庭幸福美滿之道，事事斤斤計較、患得患失，活得也累，難於在人世走一遭。多一點對別人的寬容，我們生命中就多了一點空間，寬容別人就是善待自己。

智慧品人生

寬容是一種積極的處世方法，它足以改變你以及你所愛的人；而憤怒和怨恨不僅會傷害別人，也會逐步毀滅自己。大度能容，容天下難容之事；開口常笑，笑天下可笑之人。人生最大的美德便是包容，包容別人就是包容自己！放下怨恨，學會寬容，學會珍惜，你的心中能裝下多少，就有多少鮮花在你心中開放！

3．放下自私，讓別人走進自己的天地

人性自私的弱點影響著我們的品德，決定著我們的思維和行為方式，左右著我們的成敗。被自己的弱點所打敗的情況遠遠多於被對手打敗，戰勝了自己，你就能走向成功。

——《影響一生的人性弱點》

多為別人想一些，別人才肯走近你

每個人都免不了會有自私的一面，會有自我的一面。人人都逃不開讓自己滿足的欲望，以及滿足欲望後的快感。任何人都不可能做違背自己欲望的事情，面臨抉擇的時候，他們可以違背自己的利益，但絕不可能違背自己的欲望。過於自私的心理則是一種病態心理。為了滿足個人私欲而完全忘乎人與人之間的關係本質的人，最後必將遭到應有的懲罰。

現代社會的一大弊病是以自我為中心，世界的災難正是由此而造成的。在人際交往中很多人具有過分優越感，過分優越感實際上是一種虛榮心。借用外在的、表面的或他人的榮光來彌補自己內在的、實質的不足，以贏得別人和社會的注意與尊重。法國哲學家柏格森曾經這樣說過：「虛榮心很難說是一種惡行，然而一切惡行都圍繞虛榮心而生，都不過是滿足虛榮心的手段。」如果人們能把自己的注意力轉而投向他人，社會可能要純淨、美麗許多。

一個以自我為中心的人，實際上是一個「畫地自限」的人。因為他想讓世界隨著他的願望變黑變白，隨著他的悲歡變美變醜，在情感世界裡，他的情緒就是太陽，想出來就晴天，想不出來就陰天，一切隨著他變。對方不能有自我，更不能有自由。以自我為中心的人，不會愛別人，不會為別人著想，更不會激勵對方成長。

我們每個人都有自私心理和虛榮心，這是合乎情理的，但過於把自私心理和虛榮心看得太重那就變得太恐怖了，會讓一個人走上絕路！人，有時候要適可而止，不要過分地去考驗別人的耐心。人的忍讓，畢竟是有限度的。

不要太自私，不要太以自我為中心，不要把別人對你的好，對你的關心、幫助當做是在向你索求，在向你討好，或者當做是應該的。不要自視清高，去鄙視那種處處為你著想，為你擔憂，討好你的人。別忘了，別人離開了你，人生照樣可以活得精彩，過得輝煌。太陽每天都會照常升起……

正確地接受別人的意見，正確地排除自己某些不好的想法，不要因別人不隨著自己的想法而和別人為了自己那所謂正確的道理而爭論，因為「道可道，非常道；名可名，非常名」。

做人不要以自我為中心

人自從出生到世界上的那一刻起，「自私」就像寄生蟲一樣寄生在人們的心裡。「私」在人的心裡生根、發芽，並且不斷地成長。人們為了滿足愈來愈強烈的私欲，可以無視一切道德準則、法律規條，進而導致了社會的混亂，給社會的繁榮穩定、和諧發展埋下了隱患！

有這樣一個男子，小時候，只要父母不能及時滿足他的願望和要求，便以跳樓等自殺行為來威脅父母，結果，每一次都成功，他以此確信這一武器最靈驗。

大學畢業後，他被分配到國家機關，覺得自己沒有受到重用，便給單位領導寫信，沒有回音，他很生氣，於是又給上級主管部門寫信，但還是沒有回音。他一看多次反映不成，便採取極端手段，給領導寫了一封遺書，說去跳樓，領導看見遺書，立刻乘飛機趕到他所在的城市，可他卻藏在南京，繼續提出新的要求，說他想去揚州，因為那裡有美女，單位很快幫他在揚州找到工作，調令下來時，他買了兩張去上海的火車票，說要跳黃浦江，要死在祖國最壯麗的大江裡。

他把這個想法告訴一個朋友，然後獨自跑到江邊，等著大家去救他，但這次單位再沒有搭理他。對單位的威脅一次次失敗後，他又想起大學的一個女老師，說他很愛那個女老師，那個女老師也很愛他，因為上課時，女老師路過他身邊時經常停留，低著頭看他。他誤以為這就是愛。於是，他給那個女老師寫了一封長長的信，要求她國慶日前到他所在的城市來看他，信發出後，沒有回音，他又寫第二封，並說如果她不來，國慶日那天他就自殺。他一廂情願的相信這種武器的殺傷力是有用的，因為在他父母身上百發百中，結果，並非如此。

「以自我為中心」的人在社會上總是失寵和受挫。在情感方面也遭受著同樣的打擊。愛和幸福似乎與他無緣，因為他要求整個地球都圍著他自己轉，而地球有自己轉動的方向。他不會在愛中發現自我，因為他不把對方當做個體，而是當做控制的俘虜，他不會在愛中成長，因為他不會從對方身上吸收養料，而是向對方發號施令。

智慧品人生

自私意味著不順從他人而只憑自己的意志辦事。當今社會上所存在的一些不良現象，坑蒙拐騙、各種糾紛矛盾、人與人之間的貧富差距乃至國際爭端……說到底全都是因為「自私」而引發的！競爭與生存的區別就是自己是否能很好地融入這個社會，這樣才能夠成為贏家。

4．放下焦慮，讓心靈呼吸清新空氣

壓力無所不在，我們必須認真對待心理壓力問題，並及時地、適當地透過情緒調節來緩解心理壓力，為它找個出口，它就不會給精神帶來太重太大的傷害。用穩定的情緒、健康的心理去面對紛繁複雜、瞬息萬變、競爭激烈的社會！

——《戰勝焦慮》

焦慮，心理有潛在疾病的徵兆

焦慮似乎已成為現代人普遍存在的「心病」，有人評論說現代就是一個「焦慮的年代」。焦慮表現為：總是擔心、恐慌。擔心、恐慌是一種不安的表現，主要的精神反應便是焦慮和憂愁，明知沒必要如此不安，卻沒有辦法自我解脫和控制。

人與動物的區別就在於對事物的預測性、預見性。在當今千變萬化的社會中，對將來必要的擔心和考慮是應該的，但焦慮症患者的焦慮不是來自外界真正存在的實際危險，而是杞人憂天式的空想，即心理學所說的「心理炒股」，且愈「炒」愈大，草木皆兵。

擔心事業會失敗，擔心災難隨時降臨於自己頭上，擔心離職，擔心失戀，擔心交通事故，擔心無購房能力……這種焦慮常常會讓人覺得生活周圍危機四伏，且認為自己沒有能力解決這些難題；或者自認不受人歡迎，或猜想有人會加害於己。當他陷於焦慮沉思時，便會出現心悸、不安、胃絞痛、慌亂而手足無措，無所適從。

有嚴重焦慮症的人還會為自己杜撰和假想許多「罪行」，衍生出許多的罪惡感和無用感，不是做錯事、做壞事的犯罪，而是「罪由心生」，覺得自己無用，對人對事常抱疑慮態度，判定別人不信任自己，常因失望而生憤怒，並遷怒於人。無用感是罪惡感的變種，罪惡感將厭惡外化；無用感則將厭惡內化，認為自己一無是處，自卑、羞怯、內疚、自責，認為自己的軀體、外觀、長相無可取之處，不可能讓人喜歡，即使工作有成績也認為是碰上了好運。無用感主要是源於社會變化和競爭過分劇烈所帶來的內心恐懼。有競爭就會有失敗，有變化就會有落伍，這些可怕的結果長期停留便會造成心靈疾患，並誘發心臟病、癌症。

出現輕微焦慮的時候，應當意識到自己的焦慮心理，一定要正視它，沒有必要也無需用一些自認為「合理」的理由來掩飾焦慮情緒的存在，充分調動主觀能動性，樹立消除焦慮心理的信心，並運用注意力轉移的方法，及時消除焦慮。

緩解心理壓力，放下焦慮

由於社會的高速發展會使人們的觀點、態度、希望也隨之變化，在這個快節奏、高效率、充滿競爭與挑戰的社會中，人們常常會受到內外環境的強烈影響，出現情緒上的波動和生理上的變化，從而產生心理上的壓力。

生活在這個紛繁複雜的社會當中，每個人都不可能沒有壓力。要想改變這種情況，可採取下列的方法舒緩情緒，排解積累的壓力。

一、面對現實。現實生活中每個人都有自己的理想和抱負，對未來都充滿了憧憬。

但是這種願望應該建立在實際的、力所能及的基礎上。人們之所以會感到工作、生活受到挫折，往往在於自身的目標難以實現，從而感到自卑失望，過高的期望只會使人誤以為自己總是倒楣而終日憂鬱。有些人是「完美主義者」，對任何事都希望十全十美，而世界上的一切事情都不可能盡善盡美。所以，應該調整自己的生活目標，客觀地評價事情、評價自己，得意黯然，失意泰然，在積極向上努力進取的同時，擁有一顆坦然面對成功與失敗的平常心，才能使自己心情舒暢。

二、宣洩法。這是一種將內心的壓力排洩出去，以促使身心免受打擊和破壞的方法。通過宣洩內心的鬱悶、憤怒和悲痛，可以減輕或消除心理壓力，避免引起精神崩潰，恢復心理平衡。「喜怒不形於色」不僅會加重不良情緒的困擾，還會導致某些心身疾病。因此，對不良情緒的疏導與宣洩是自我調節的一種好辦法。一位運動員受到教練員訓斥後很沮喪，不久便引發了胃病，藥物治療也不見效。心理學家建議他在訓練中把球當教練員的臉狠狠地打，採用此法後他的胃病果然好多了。

不過這種宣洩應該是建立在合理的基礎上。簡單的打砸，吼叫，遷怒於人，找替罪羊（丈夫、妻子、孩子、同事）或發牢騷，說怪話等都是不可取的。宣洩應是文明、高雅、富有人情味地交流。有人說：「一份快樂由兩個人分享會變成兩份快樂；一份痛苦由兩個人分擔就只有半份痛苦。」如果把自己的煩惱、痛苦埋藏在心底，只會加劇自己的苦惱，而如果把心中的憂愁、煩惱、痛苦、悲哀向你的親朋好友傾訴出來，即使他無法替你解決，但是得到朋友的同情或安慰，你的煩惱或痛苦似乎就只有半個了，這時你的心情就會感到舒暢，該哭的時候就痛痛快快地哭一場，釋放積聚的能量，調整機體的平衡，大雨過後有晴空，心中的不良情緒就會一掃而光。

三、注意力轉移。從前，有個老太太整天愁眉苦臉：天不下雨，她就掛念賣雨傘的大兒子沒生意做；天下雨了，她又憂心開染房的二兒子不能曬布。後來，有個鄰居對她說：「你怎麼就不反過來想想呢？如果下雨了，大兒子的生意一定好；如果不下雨，二兒子就可曬布。」老太太一聽恍然大悟，從此不再愁眉不展。

當與人發生爭吵時，馬上離開這個環境，去打球或看電視；當悲傷、憂愁情緒發生時，先避開某種物件，不去想或遺忘掉，可以消憂解愁；在餘怒未消時，可以通過運動、娛樂、散步等活動，使緊張情緒鬆弛下來；有意識地轉移話題或做點別的事情來分散注意力，可使情緒得到緩解。

人們面對困境不滿，情緒沮喪時，不妨從相反方向思考問題，這能使人的心理和情緒發生良性變化，得出完全相反的結論，使人戰勝沮喪，從不良情緒中解脫出來。我們應該多接觸令人愉快、使人歡笑的事物。避免和忘卻一些不愉快的事。與其「不懈奮鬥、孜孜以求」，最後「衣帶漸寬」，面容憔悴，不如瀟灑一些，做點快樂的事。

智慧品人生

曾有一名記者問蕭伯納：「請問樂觀主義者與悲觀主義者的區別在何處？」蕭伯納回答：「這很簡單，假設桌上有一瓶只剩下一半的酒，看見這瓶酒的人如果說：『太好了，還有一半。』這就是樂觀主義者；如果有人對這瓶酒嘆息：『糟糕！只剩下一半。』那就是悲觀主義者。」當我們遇到困難、挫折、逆境、厄運的時候，不妨從相反方向思考問題，從不幸中挖掘出有幸，使情緒由「山窮水盡」轉向「柳暗花明」，從而擺脫煩惱。

5．放下「過去的創傷」，救出「抑鬱」中的你

> 一個人究竟能不能在今後的事業和生活中有所創造、有所突破，在很大程度上，都取決於他是否能真正身心輕鬆地永遠臉朝前看，而不是總掉頭往回看。一個人之所以煩惱多多，原因之一就是記性太好。往事萬千，成就、遺憾、懊惱結纍成串。有些恩恩怨怨該忘掉就忘掉，不然包袱越背越重，就會活得很累。
>
> ——《走出抑鬱》

用一顆平常心去感悟生活

「平常心」看似簡單的三個字，在現實生活中，卻是人人都難以超越的一面牆，因為我們並不懂得何為真正的平常心，也不懂得怎樣來保持自己的平常心，更不懂得怎樣來利用平常心。

首先，平常心是一種心境，不僅是對待周圍的環境要做到「不以物喜，不以己悲」，更要對周圍的人和事做到「寵辱不驚，去留無意」，這樣才能讓我們的生活有一

份平靜和諧。

其次，平常心還是一種境界，慧能大師曾云：「本來無一物，何處染塵埃。」他的這種超脫物外、超越自我的境界正是對平常心最好的解釋。他們不是「看破紅塵」，更不是消極遁世，相反他們所要表現的正是一種積極的心態，以平常心觀不平常事，則事事平常，無時不樂也無時無憂。

用平常心看待生活，就能以冷靜的眼光看待一切，淡泊名利，泰然處之，不貪心，不愛慕虛榮，不妄想非分的享受，生活中自然會有恬淡安適的樂趣，平凡的生活，沒有過多欲望，就會看到生活中那些許的溫馨。

面臨困厄，面對不利的處境，我們更保持一顆平常心，要尋找和創造自己所希望的生存狀態，因為良好的心態可以戰勝任何艱難、挫折和壓力。心態是我們真正的主人，它能使我們成功，也能使我們失敗。同樣的一件事，由具有兩種不同心態的人去做，其結果必然相反。心態決定你做事的成功與否，不要因為我們的心態而使我們自己成為一個失敗者。要知道，成功永遠屬於那些抱有平和心態並付諸行動的人。

常人都有欲望，這是合乎常理的，然而需要保持一顆平常心，懂得知足才能常樂，只有經得住誘惑的人，才是笑到最後的人。

在嘈雜紛繁的環境裡，你要時常放鬆自己的心情，只有這樣才能感受到快樂。平靜而清楚地對別人傾訴衷腸，同時傾聽別人的訴說甚至嘮叨，因為傾訴和傾聽都能帶來快樂。

生活猶如大海，時而風平浪靜，時而波濤洶湧。平靜時的快樂，艱辛時的痛苦，快樂與憂愁夾雜在一起，或許會使你更加樂觀向上，亦或許會使你消極自卑。掌握好心中的那桿秤讓它保持著平衡的狀態，無論在享受中和痛苦中都能得到身心上的舒展，精神上的力量。建立起一道堅實的心理防線，在快樂時盡情地享受，遇到困難時坦然面對，微笑著接受每一次的挑戰。放鬆自己的心情，無論成功與失敗，都能平靜面對，不讓勝利衝昏頭腦，也不要讓失敗影響情緒，學會用一顆樂觀的心，突破重重阻礙，使自己的生活不再因為困難而退縮，因為悲傷而失望，而是時時刻刻保持好心情。

感受生活的點滴，讓充滿壓力的生活變得輕鬆些，放鬆自己的心情，釋放自己的身心；尋求寧靜，尋求一種美好的生活方式；走進寧靜，走進心靈的陽光地帶；品味寧靜，品味一處與眾不同的人生。

忘記過去意味著成功

當我們在人生的道路上步履蹣跚，一次次迎來朝霞的同時又一次次送走夕陽，我們所要做的是回顧昨天，把握今天，憧憬明天。在昨天的日子裡，我們可能擁有快樂與成功，亦可能遭受挫折和失敗。然而對於昨天那個日子，今天理應是一個心情的驛站。

如果昨天的日子有創傷，應該學會忘記。忘記那些生活中的不愉快，忘記那些曾經的傷害，拋棄所有的怨恨和痛楚，給此刻的心靈一個明麗的天空。畢竟，生活的目的並不是讓我們一味地去追憶過去，去體味失敗，去存疑痛苦。昨天的傷痛既然已經過去，又何必對此念念不忘呢？我們現在所要做的是好好把握今天。在今天的時空裡，我們把太多的精力交給昨天的傷害和失敗，也就意味著剝奪了我們今天可能擁有的成功與快樂。

生活的畫卷應該是多姿多彩的，每個人手中都握著一支七色筆描繪著自己的人生。是五彩斑斕還是灰暗？完全掌握在自己手中。昨天永遠屬於過去，重要的是今天，是今天的不再錯過，不再失誤。抓住今天是我們最明智的選擇。給今天一份好心情，我們才可能熱愛生活，創造生活，從而發現生活的每一處美麗，我們也方可擁有成功和快樂。

請嘗試下面的辦法，能幫助你排解憂鬱，忘記不愉快的過去。

一、讓鬱悶停止。停下手中的工作，閉上眼睛，左手大拇指和食指使勁捏在一起，同時快速數到十。然後再用右手做一次，重複六次。這種在精神上擺脫你面對的問題的方法能使你頭腦清醒。

二、找合適的對象傾訴。找一個臉皮厚的朋友，讓他在特殊情況下，能容忍你在言語上侮辱他，並保證你也會在同樣的情況下幫助他。如果沒人願意的話，就找個安靜的角落大罵幾句。只要保證你的發洩簡短、私密並有一定控制就行了。

三、換上一套休閒的服裝。這會讓你感覺到一股運動氣息，更自由、更輕快、更開朗。

四、破壞的力量。將洋蔥剁成碎片，將牛排砸成肉醬，或者將花生磨成粉末。破壞，同時加上創造，這是調整情緒的根本方法。

五、學會忘記，從昨天的抑鬱中走出，以良好的心情善待生活，是生存快樂的必然選擇。把自己囿於過去的灰色情緒中，無疑是用自己的雙手囚禁了自己的今天和明天，也扼殺了自己的成功和快樂。學會忘記吧！忘記過去曾經有過的不愉快，給自己一個良好的心情去把握今天，憧憬明天。

智慧品人生

上蒼賜予你寧靜，讓你接受你不能改變的事物；上蒼賜予你勇氣，讓你改變你能夠改變的事物；上蒼賜予你智慧，讓你明白事物間的差別；在心靈與存在之間，在思想與現實之間，你一定能掌握一種平衡的力量。你是一座意志的高山，俯瞰發生的一切。你是一個忍耐的海洋，能容納下萬事萬物。這是一個放手的時刻，放掉一切妄想、墮落與懈怠。這是一個接受生活給予的時刻，這是一個不斷採取行動使自己邁向成功的時刻！接受已經發生的過去，改變能夠改變的現在和明天。

第三章
幸福生活，自我選擇——愈放下愈灑脫

人生在世，往往難逃「魚與熊掌，都想兼得」的欲望。

然而，人生許多事，通常只能擇其一，無法皆大歡喜，我們只能從選擇中學會捨棄。什麼都不願意捨棄的人，結果必然是對生命的捨棄。

捨棄是一種勇氣，也是一種豁達的心態。唯有學會捨棄、領悟放下，才能使人生更寬容、更睿智，面對選擇才能做出果斷的決策。

1・放下是一條解脫之道

有些事之所以放不下，是因為心中雜念太多。想要祛除雜念，就要心中保持一片清淨，讓雜念沒有滋生之所。困擾我們的是自己的心靈，而不是當下的生活。只有「放下」才能解脫，只有以平常心去對待生活中的一切，消除心中的雜念，才能享受超然的人生。

唯有放下，才能解脫

從前，有一位特別喜歡蘭花的禪師，他在寺院的後院種了許多漂亮的蘭花，講經說法後，禪師總是抽出時間去悉心照料那些蘭花。寺院裡的人都說，蘭花就像是禪師的生命。

一天禪師外出，一個弟子受禪師委託，為蘭花澆水，卻不慎將花架打翻，所有蘭花都被毀壞了。弟子很害怕，心想等禪師回來一定會受罰。但禪師回來後，並沒有生氣，反而安慰弟子：「我之所以喜愛蘭花，為的是要用香花供佛，美化禪院，並不是為生氣才種的。」

人生在世，無論是生活中還是工作中，必須懂得放下，不要執著於心愛的事物而無法割捨。畢竟，喜愛一種事物的初衷，並不是為了在失去它時而傷心。人生中的許多東西既已失去，不妨就讓它失去吧。要知道，執著失去的只會讓自己更痛苦，唯有放下，才能解脫。

人們總是說「夕陽無限好，只是近黃昏」，但夕陽又是明日朝陽的開始，無所謂夕陽還是朝陽。「世上本無事，庸人自擾之。」不要自尋煩惱，自己給自己套上枷鎖，把自己搞得疲憊不堪了。要想活得輕鬆，活得快樂，就應該學會解除這些束縛，給自己減壓。想要享受生活，就要學會放下，把已經失去的東西總是掛在心上，那不是活得太累了嗎？

人生在世，有太多的東西放不下，功名、金錢、愛情、事業……這些東西並不是說放下就能放下的。人要想在生活中立足，負擔這些重擔和壓力是必須的，然而在它們壓得你喘不過氣來時，放下不失為一條解脫之道。要想重新呼吸，恢復輕鬆的身心，那就去學著放下吧。放下並不意味著懦弱，而是一種解脫，來自心靈的解脫。

放下你對功名、金錢、愛情、事業等的追求，你就會發現其實想要真正地解脫，放下才是正確之道。

想要解脫，就先放下

修煉的人在修行中如果不能放下各種執著心和欲望，就無法修煉到自由自在的高深境界。人在面對各種精神壓力時如果不懂得放下，時間長了就會被壓力壓垮。

佛祖釋迦牟尼在世之時，有一位叫黑指的婆羅門來到他的面前，運用神通兩手拿起了兩個花瓶，前來獻給佛陀。佛陀大聲對黑指婆羅門說：「放下！」婆羅門於是把左手拿的那個花瓶放在地上。佛陀又說：「放下！」婆羅門再把右手拿的那個花瓶也放在地上。然而，佛陀還是接著說：「放下！」黑指婆羅門只得回答說：「我已經兩手空空了，沒有什麼可以再放下了，你為什麼還要我放下？」佛陀對他說：「我並沒有讓你放下花瓶，我要你放下的是六根、六塵和六識。當你把這些都放下時，才能從生死輪迴中解脫出來。」

人只有達到心靜的境界，才不會有深度的迷茫感覺。這世上的誘惑太多了，有多少人能真正達到心靜的境界呢？雖然人們不可能完全拋開世間之事，但有一點是要做到的，那就是不要被外界環境干擾。清心寡欲就會輕鬆自在，隨遇而安就能自得其樂，放下就是解脫。做人其實不需要複雜的思想，只要具備了這項簡單的智慧，其人生就遠離了痛苦與憂傷。

人生在世總會受到各種各樣的束縛，這種束縛來自外在因素，也來自自身心理，唯一的解決之道就是放下。放下你執著的一切、追逐的東西，你才能活得更灑脫，你才能活得更暢快。放下是人們解脫心理束縛的選擇，如果學不會放下，你所追求的東西就會給你增加意想不到的負擔，只有真正地放下，你才能找到心靈的解脫。

智慧品人生

生活越簡單的人就會越覺得幸福，這個道理並不是人人都懂的。世人在現實生活中如果隨波逐流，只去追求物質上的享受，就要經常面對各種生活壓力與精神壓力，長期下去精神負擔將會使人苦不堪言。而要想達到一個輕鬆自在的思想境界，就必須懂得凡事隨遇而安，順天由命而不必苛求。

2・失意時要懂得心寬

生活就是一面鏡子，你笑，它也笑；你哭，它也哭。

——薩克雷

得意淡然，失意坦然

當人的願望得不到滿足，做事情達不到目標時，他的內心就會生出失落的心理感受。這種感受就是我們所說的「失意」。

失意在人生中，從來不是奢侈品，甚至有些人每天都會與它打個照面。求學時，一次考場敗北我們說是失意；工作時，事業無成我們說是失意；戀愛時，遭遇拒絕我們說是失意……失意如山洪一樣撲向我們。

人生的失意在所難免，雖然失意很痛苦，但它同樣也是幸福。因為失意是生活樂曲中不可缺少的音符，人生沒有了失意，生活樂曲就平淡了很多，缺少抑揚頓挫之美。也許生命中擁有了失意才是完美的，每歷經一次，我們便跨過人生的一個坡坎；每經歷一次便超越一次自我。失意塑造你的堅強，失意塑造你的自信，失意讓你有了閱歷和見識，失意讓你體會人生百態。

「花開花落花無悔，緣來緣去緣如水。多少舊夢成虛幻，多少新夢化雲煙。雄心已在九霄外，壯志不改天地間。君曾為我送溫暖，我今為誰揚風帆？妙筆生輝一萬卷，何人燈下讀新篇？」面對失意請微笑吧，不要抱怨生活給你太多的波折，不必抱怨工作給你太多的壓力。也許生活對你不公，也許命運對你苛求，也許你的真誠沒有換回應有的感動，也許你的努力沒有收穫應有的回饋，可這就是生活，這就是磨礪。大海如果失去巨浪的翻滾，就會失去雄渾；沙漠如果失去飛沙的狂舞，就會失去壯麗；人生如果沒有失意的點綴，生命也就失去了魅力。微笑著面對失意，不要自卑，微笑著面對，微笑著接受……你要明白一個道理，失意是選擇人生道路的好機會。

人生失意時，最忌諱停下腳步、不思進取，那樣只會讓自己越陷越深。人生失意時，我們更應該保持清醒的頭腦和理智，不妨利用這個機會反省一下，重新認識自己。在失意時，發現自己的弱點與缺點是一種進步，也是一種智慧。

得意時要懂得淡然，失意時要知道坦然。遇事寵辱不驚，只把失意當成上天賜予你的一場人生考驗，從失意當中尋求為人處世的知識。讓你的眼睛換個方向，讓你的心換個角度，用不同的態度來衡量世界，這時失意又算得了什麼呢？

今天的放棄，明天的得利

失意的時候，心靈和肉體突然變得懶散，甚至溫馨的相聚也會因自己的笑聲不燦爛而索然無味。心靈找不到可以停靠的驛站，常常讓自己的思緒陷入極端低沉的痛苦中……「花無百日紅，人無百日好」，生命中的不如意如同花的凋零一樣不可抗拒。

但是，對這些都不必太在意，只要懷有一顆平常心，把握好自己，明天早晨迎接你的，又將是一個萬紫千紅的豔陽天。如果你對失意太在意，像對待工作一樣不放過任何細節，心裡難以承受失意，在失意中仍對導致你失意的事情耿耿於懷，那麼，你將永遠無法走出失意的心理陰影，失意感和痛苦會跟你如影相隨。

每個人總是會有失意的時候，鮮花與讚美、財富與權勢、知名度與聲望……這些是很多人熱衷追求的目標。為了這個目標，人們絞盡腦汁，竭盡全力，違背道德也在所不惜，在權勢的鏈條中，患得患失，憂慮焦灼，他們得到多少得意，就擁有多少失意。

想要遠離失意就要有寬宏的氣量，拿得起放得下。不要總想著自己能占盡天下所有得意之事。

想要遠離失意凡事就不要太計較，太計較會讓你感到生活得很累，甚至會覺得人未老心先衰。並非所有的願望都能實現，做任何事情都要量力而為，對事物的期待也不要過高；要從失意的情緒中恢復過來，就要承認自己的痛苦和感傷，不要隱瞞，接納自己。

智者說：「失落是心理失衡，要靠失落的精神現象才能調節；失意是心理傾斜，是失落的情緒化與深刻化；失志則是心理失敗，是徹底的頹廢，是失落、失意的終極表現。」為人處世能視寵辱如花開花落般平常，就可以不驚；視職位去留如雲卷雲舒般變幻，就能無意。要克服失落、失意、失志就應該學習寵辱不驚、去留無意、得之不喜、失之不憂的心態。

只要你能夠順利走過失意，就會發現你的世界依舊絢麗，你的生命依舊燦爛，陽光依然會撫摸你的笑臉，月色依然會沐浴你的秀髮。

我們生活在這個世界就要善於承受失意，善於擺脫失意，這是一種智慧，更是一種能力，今天的放棄，正是為了明天的得到。

「人生在世不稱意，明朝散髮弄扁舟。」「天生我材必有用，千金散盡還復來。」面對得失，要從容瀟灑，磊磊落落，心胸坦蕩蕩。只有放飛心情，才能看到另外的一番風景；只有放飛心情，才能夠把握人生；只有放飛心情，才能讓生活充實起來；只有放飛心情，才能讓人生飛揚起來。

3．拋開煩惱，自在生活

放下生活對你的無盡誘惑，放下讓你精疲力竭的瑣事雜務，放下身外的恩恩怨怨，放下塵世間的紛紛擾擾，放下分擔不同角色所承擔的負累，放下一段不屬於自己的感情……在放下的時候，才會體會到一些問題其實並不需要放在心裡；在放下的時候，才能體會到一些負擔並不需要挑在肩上。用平靜的心態守著自己的心，你便會感覺到生命的自在。

放下煩惱和瑣事，生活原本簡單

一位滿臉沮喪、滿面愁容的生意人來到智慧老人的面前，希望智慧老人能解答他的疑問：「先生，我急需您的幫助。雖然我很富有，但人人都對我橫眉冷對。生活真像一場充滿爾虞我詐的廝殺。」

智慧老人回答道：「那你就停止廝殺唄。」

生意人對智慧老人漠然的告誡感到有些無所適從，也無法理解。於是他帶著失望離開了老人。在接下來的幾個月裡，他的情緒變得很糟糕，與身邊的每一個人開始爭吵鬥毆，並由此結下了不少冤家。一年以後，他變得心力交瘁，再也無力與人一爭長短了。

他又帶著滿心傷痛來到智慧老人面前：「哎，先生，我不想跟人家鬥了。但是，生活還是如此沉重，它真是一副重重的擔子呀！」

智慧老人從容地回答道：「那你就把擔子卸掉唄！」

生意人對老人依然淡漠的回答感到氣憤，怒氣沖沖地走了。在接下來的一年當中，他的生意遭遇了挫折，並最終喪失了所有的家當。妻子帶著孩子離他而去，他變得一貧如洗，孤立無援。

於是他再一次來到這位老人面前：「先生，我現在已經兩手空空，一無所有了，生活裡只剩下了悲傷。」

「那就不要悲傷唄。」生意人似乎已經預料到老人會有這樣的回答，但這一次他既沒有感到失望也沒有感到生氣，而是選擇在老人居住的那座山的一個角落住了下來。

有一天，他忽然悲從中來，趴在地上號啕大哭了起來——幾天，幾個星期，乃至幾個月地流淚。最後，他的眼淚哭乾了，抬起頭來，早晨溫煦的陽光正普照著大地。於是他又來到了老人那裡：「先生，生活到底是什麼呢？」

智慧老人看了看天，然後微笑著回答道：「一覺醒來又是新的一天，你沒看見那每日都照常升起的太陽嗎？」

生活就是這樣，太多的煩惱，太多的傷痛一直占據著人們心裡的一方淨土，其實只要放下，就可以得到解脫，自在地生活，但真正的放下卻並不容易。如果放下的是自己無比珍視的，放下的是對過去的告別和決裂，放下的是一種生活和心情，你能輕易地放下嗎？有人縱酒高歌，有人熱淚滂沱，有人四處傾訴，試問：你能輕易地放下嗎？

每個人都希望自己的生活過得簡單，但每天被家庭的開支左右，被同事的爭吵束縛，為朋友的不理解而耿耿於懷……久而久之，當諸多問題在心裡形成解不開的疙瘩時，想要自在簡單的生活就成了奢望。其實只要放下，你就可以得到你想要的生活。但太多的人卻不願意放下，功名、事業等已經融入人們的生活中，要馬上放下對他們來說是一種折磨。

然而，長痛不如短痛，放下能讓自己避免痛得更厲害，為什麼不去嘗試一下呢？生活原本簡單，是沉重還是輕鬆，完全依賴於人們怎麼去看待它。遇到煩惱，如果你擺脫不了它，那它就會如影隨形地伴隨著你，為你的生活添加一副重擔子。而無論你怎麼樣，太陽每天都會東升西落，不會因為你的煩惱而停止轉動，所以，試著放下煩惱和憂愁，就會發現生活原來可以如此簡單。

放下，幸福就在生活中

佛陀有一日出外雲遊，遇見了一個農夫。農夫的樣子看起來特別苦惱，他向佛陀說：「我家的水牛剛死了，沒它幫忙犁田，那我怎麼下田耕作呢？」於是佛陀賜予了他一頭健壯的水牛，農夫很高興，感到了幸福的滋味。

又一日，佛陀遇見一個詩人，詩人年輕、英俊，有才華，且富有，還有一位美貌的妻子，但他卻覺得自己過得不快樂。佛陀問他：「你不快樂嗎？我可以幫你嗎？」詩人答道：「我什麼都有，只欠一個東西，你能給我嗎？」佛陀回答：「可以，你要什麼我都可以給你。」詩人眼睛直直地望著佛陀：「我要的是幸福！」這下可把佛陀難住了，他想了想說：「我明白了。」

然後佛陀把詩人已經擁有的東西全都拿去了。拿走了詩人的才華，毀去了他的容貌，奪走了他的財產和他妻子的性命，做完這些事情後，佛陀便走了。

一個月後，佛陀再次來到詩人的身邊，詩人那時已經餓得半死，衣衫襤褸，躺在地上掙扎。於是，佛陀又把一切還給了他。然後，就離去了。

半個月後，佛陀再次去看詩人。這次，詩人摟著妻子，不停地向佛陀道謝。因為，他已經得到了幸福而在此之前他卻並沒有感覺到。

其實，生活在無形中就已經給了人們想要的東西，但是追逐的目光卻讓他們不懂得放下，對自己已經擁有的東西視而不見，當然也就不懂得駐足欣賞自己已經得到的。失去後才感到已有東西的珍貴。

既然放不下，那就對那些放不下的事情負起你應有的責任吧。幸福是放下，幸福是放下那些瑣事得到的暢然，是珍惜自己身邊所擁有的事物，是需要時得到的滿足；放下是明白什麼是幸福的必經之路，是擺脫煩惱珍愛生命積極生活的開始，只有學會放下，你才能體會到生活帶給你的幸福。

生活中誰都會遇到這樣或那樣的煩心事，並時不時地為之煩惱，面對這樣的狀況你是否想過應對之策？辦法其實很簡單，只要放下即可，放下對凡事的執著，放下無故滋生的煩惱，就會發現幸福其實就在你的掌控之中。

智慧品人生

人人都渴求自在的生活，都在為生活的自在而努力拚搏著，同時也開始有無窮盡的煩惱隨之產生。其實要想生活得自在一些，只要拋開心頭的諸多煩惱，放下留在心中的雜念，放下對凡事的諸多要求，就會擺脫生活中的諸多束縛，自由自在就不再是空想。

4．難得糊塗，放下才聰明

鄭板橋說：「聰明難，糊塗尤難，由聰明而轉入糊塗更難。放一著，退一步，當下安心，非圖後來報也。」做人難得糊塗，是老謀深算的清醒，也是臥薪嘗膽的大度，更是心中有數的正派。

難得糊塗，生活中要放下

生活中，難得糊塗。難得糊塗其實就是「睜一隻眼閉一隻眼」的為人處世方式。雖然糊塗時難免會吃虧，但吃虧多了也是福。因為當人們理解你吃虧的原因時，會十分樂意與你交往。倘若以後有什麼好事情、好東西要與人分享時，首先想到的人可能就是你。特別是在你遇到什麼困難或者挫折的時候，一定會義不容辭地幫助你、關心你、支持你、鼓勵你！難得糊塗，不會讓你一失足成千古恨，為自己當時寧為玉碎、不為瓦全的選擇而懊悔。

其實，難得糊塗，並不是真的糊塗，而是退避三舍的相讓，鞠躬盡瘁的遷就，一語道破的明智，躊躇滿志的博取，心安理得的品味。難得糊塗，只是智者的一次聰明地放棄而已。難得糊塗的人永遠不會真的糊里糊塗。在生活中人們都願意做一個糊塗的智者，既然糊塗一點就能得到自己想要的，那何樂而不為呢？

難得糊塗，不是與世無爭的軟弱，而是退一步海闊天空的豁達；不是明哲保身的逃避，而是讓三分風平浪靜的睿智；不是苟且偷生的迂腐，而是真金不怕火煉的忠貞。只要守得雲霧開，哪怕等待有多久。每當狂風驟雨來臨之際，不要馬上顯露勇夫的魯莽，做出不堪設想的舉動，裝作糊塗一些，雷打不動的沉穩，相信風雨過後一定會有彩虹出現。

聰明好，糊塗更好。聰明人懂得享受，糊塗人也不會吃虧。聰明讓許多人自以為是，在自命清高中膽大妄為，糊塗卻可以使人以身作則、嚴於律己；聰明致使許多人鉤心鬥角、爾虞我詐且好高騖遠，可糊塗致使一些人心平氣和、處之泰然且知足常樂；聰明致使許多人夢寐以求、紙醉金迷地坐享其成，可糊塗致使一些人自強不息、知難而進地勇往直前；聰明人凡事都去爭搶並講究氣派，喜歡拋頭露面、好為人師，糊塗人凡事不去追逐卻三思而行，喜歡默默無聞、謙虛謹慎；聰明人不是隨波逐流就是今朝有酒今朝醉，糊塗人不是步步為營就是今朝有書今朝讀；聰明人既吃著碗裡的又要看著鍋裡的，糊塗人只是吃著碗裡的從不想著鍋裡的。

真正聰明的人都是聰明的糊塗，十分懂得把握「放長線釣大魚」的良機，此時他們的糊塗可以說是一種非常老練圓熟的凸現。難得糊塗，是生活中最不可缺少的，也是人們學會放下的真正涵義。

糊塗高人不糊塗，真糊塗不是高人。高人糊塗永遠都不是自認軟弱、甘拜下風的墮落。他們的糊塗只是自我調節心境而放下情愫而已，放下煩惱，放下苦悶，放下壓抑，放下名利，從而使自己得到疏放、減壓、解脫和坦蕩。

人生難得糊塗，人們能做的就是好好地做好自己，完善自己，在生活中做聰明的糊塗人。要做個智者，就要先學會糊塗，學會在糊塗中放下自己不願放下的，這樣才能在生活中做個名副其實的聰明人。

智慧品人生

難得糊塗，糊塗難得。生活中需要糊塗，卻不是經常糊塗。在生活中適當地糊塗是高視闊步的遠見，有了糊塗的遠見不會再有蠱惑短視的計較。適時地糊塗是高風亮節的鮮活，有了糊塗的鮮活就不會再有心如止水的黯然。適度地糊塗是高瞻遠矚的敏銳，有了糊塗的敏銳就不會再有鼠目寸光。想在生活中做一個糊塗的智者，只要放下，人人都可以。

5·活在當下，放下壞心情

「活在當下」就是「快樂來臨的時候就享受快樂，痛苦來臨的時候就迎向痛苦」，在黑暗與光明中，既不迴避，也不逃離，以坦然的態度面對人生。「活在當下」，讓自己有期許、有願望、有好的心情，使自己永保喜悅之心。

活在當下，學會放下

人們在生活中總會產生各種各樣的抱怨：出門坐車人多，擠來擠去難免發生身體碰撞，有的人一笑置之就過去了，有的人卻偏要計較，於是言語相向，甚至大打出手；作為消費者時總希望買到物美價廉的東西，還擔心別人賣的是假冒偽劣，輪到自己做商家時，則希望賣得越貴越好，說不定還會來個宰你沒商量；夫妻之間、朋友之間、同事之間稍有言語不和或者處理失當，便懷恨在心，於是睚眥必報，最後鬧得兩敗俱傷；吃了點小虧，總覺得人家欠了自己五斗米，弄得食不甘味，睡不成眠。凡此種種，或許都是因為沒有理解：放下，一切都會變得很簡單。

人生的諸多煩惱追根溯源就是不會放下，放不下，自然積在心中成為怨氣。為了發洩怨氣，就難免會鬧出各種矛盾來，傷害了別人，也傷害了自己。世界上哪有那麼多深仇大恨，值得耿耿於懷，一定要以牙還牙才能後快？要想在當下活得舒坦，活出自我，為什麼不學會放下呢？

想有個好心情，就得學會從壞心情中解脫出來。肯放下壞心情的包袱，就會有好心情的到來。人在心情不好的時候，就越會不自覺地把壞心情抱得更緊，結果心情更壞，更難過。

人生短暫，何不放下不快，積極地享受生活呢？

每個人都是生活的主體。作為生活主體的一份子，你不快樂誰快樂，你不享受誰享受？難道要把所有的財富都留給後代，那麼後代的財富又留給誰呢？生活是人類在生活。正是有了人類，才有了生活，是人類創造了生活；也正是有了生活，我們才能享受生活，因此人類是享受生活的理所當然的人選。人類之所以要努力工作，就是為了能生活得更好，因此你不能本末倒置，把最主要的給忘了。

人類的壽命是有限的，不是永恆的。如果你想以後再享受生活，這是很不對的想法，如果哪一天你不幸離開這個世界，那不是白來這個世界走一遭了。因此我們要抓住時機好好地享受生活。你學會了享受生活，你也就釋然了，那些不快也就離你而去了。

放下是人的一種心境，也是人的一種胸懷，更是人的一種品格。當活在當下，學會放下，那麼好心情就永遠屬於你。

放下壞心情，活出新自我

人們在心情不好的時候常會沉浸在壞心情中，看什麼都不順眼，關門不跟別人說話，嘟著嘴生悶氣，鎖著眉頭胡思亂想，結果使心情變得更壞，會更難過。

一位旅者，經過險峻的懸崖時，腳下一滑，眼看就要掉落山谷中，情急之下他抓住懸崖下的樹枝，卻上下不得，於是默默祈求佛陀發慈悲營救他。而這時佛陀真的出現了，伸出手過來接他，並說：「好！現在你把抓住樹枝的手放下。」但是旅者執迷不肯鬆手，他說：「把手一放，勢必掉到萬丈深淵，粉身碎骨。」因此，旅者反而把樹枝抓得更緊，就是不肯放下。這樣一位執迷不悟的人，佛陀也救不了他。

人們之所以會有壞心情產生，原因就是他們習慣抓住某個念頭，將其死死握緊，就好比那個執迷不悟的旅者一樣，乞求佛陀的幫助，當佛陀真的要幫他時卻不願意鬆手。

所以，要想活出自我，就要學會放下壞心情，拒絕受它折磨才行。放下壞心情，擁有好心情的關鍵就在於你是否能從原有的壞心情中解脫出來，從煩惱的死胡同中走出來。只要肯放下心中的包袱，審視清楚，拋開那些給自己造成困擾的想法，給自己一個清醒的頭腦，學會放下，學會割捨，好心情自然就會靠近你。

每個人都有改變心情的機會，若不懂放下去尋找新的機會，發現新的思考空間，那只會讓自己陷入愁雲慘霧中，讓壞心情無法釋去。

在生活中苦於奔波的人們，忙忙碌碌大都是為了讓自己生活得更好，想要活出自我。然而，在人們生活越來越好，衣食無憂，萬事不愁時，卻沒有得到自己想要的自我和快樂，只感到生活與環境的壓力，好心情離自己越來越遠。這是為什麼？

因為雖然物質豐富了，心卻浮躁起來，相互攀比，這山望著那山高，滿腦子除了錢還是錢，人的心也隨錢多錢少、錢漲錢落而沉浮其中，背負著錢奴與房奴等諸多的生活壓力與精神壓力，不懂得放下，在追求自我的過程中迷失自己，何談輕鬆自在？

許多人都在想：精神與物質孰輕孰重？活在當下的人們，都在為自我而努力著，然而物質極大地豐富了，精神卻是極度地空虛，又有何快樂可言？相反，一些精神世界豐富的人，雖然清貧，卻是神清氣爽，活得超然自在。

既然在當下的生活中，金錢、物質、享受都不能帶給我們快樂，人們能做的就是守住自己的心靈，調整好自己的心態，放下諸多影響心情的欲望，如果不懂得放下自己沉重的心思，活出自我不是空話又能是什麼？心情不好時，捨棄諸多身外之物，心靈就會變得澄清明淨起來；而放下壓在心上的不快，身心也自然會變得輕鬆自在。讓自己從錢奴、房奴等物欲中解放出來，你的好心情能不回歸嗎？

我們在生活中，感到壓力大、心裡煩，被各種煩惱所擾時，也許並不是煩惱真的太多，而是我們習慣於將負面的情緒與觀念都統統背在身上，不知道，還可以選擇放下。放下，就是將壓在我們身上的重擔統統放下，在輕鬆與愉悅中，邁向健康人生的幸福大道。

只有把該放下的放下，才能找到自己的快樂與幸福。

智慧品人生

活在當下，複製快樂，刪除煩惱，很快就會找回自我，做自己快樂的主人。保持平常心，不以物喜，不以己悲，放下壞心情，何樂而不為？學會放下、學會放棄、學會捨得，你才能在當下的生活中得到自己想要的好心情，你就會覺得生活讓壞心情來主宰，是一件很不划算的事，也是一件得不償失的事。

第四章 快樂人生，燦爛晴空——愈放下愈快樂

常常人活在世上，都感覺一字「累」。

因為物慾橫流的社會，就像你爭我奪、爾虞我詐的大染缸，讓人時時提心吊膽，為自己上了一層保護色，使原本的單純與善意，都容易被扭曲成虛偽與算計。

有時，靜下心想想，只要我們化繁為簡，快樂便伸手可及。用心靈感受快樂、用思想體驗快樂，放下就能簡單，放下就是快樂。

1．人生的幸福便是放下

幸福是什麼？幸福在哪裡？人一直都在苦苦找尋。其實，一切幸福的感覺，就在那一回眸間。幸福其實就在那「放下」裡。

幸福起點在放下

人們一生都在追尋幸福，究竟怎樣才會幸福？其實獲得幸福並不難，「放下」就是幸福的開始。

在感情的世界裡，有一種感情叫情愛，有一種感情叫憎恨，有一種感情叫厭惡，亦有一種感情叫傷害。放下一切刻骨銘心的傷痛，放下一切痛徹心扉的感情，那將是一種最大的幸福。愛過，痛過，恨過，擁有過，失去過，這便是幸福生活的全部真諦，只要你真正做到拿得起而且放得下，你就是幸福快樂的。懂得放下的人，是有大智慧的人，得大自在的人，而放不下的人，患得患失，既活得累，也很難體會到幸福的滋味。放下憂愁，放下憎恨，放下煩惱，放下那些對功名利祿的苦苦追求，你立即就會感受到幸福。

人想要得到幸福，就要學會放下，學會放下一切憂愁，放下一切憎恨，放下對功名利祿的追求，放下一切不愉快和該忘記的東西，當然那也包括放下不該是你的財，放下不該你有的情，放下不該是你的愛……

「放下」是幸福的種子

幸福不是憑空而來，幸福需要激情，需要升溫，需要爆炸，而到底怎樣才可使幸福達到這種程度呢？那就是「放下」。

有的人擁有很多，卻沒有感到幸福，總是覺得缺少某樣東西，感到痛苦萬分。結果是他具備幸福的條件很多，幸福卻很少；擁有的痛苦的理由很少，痛苦卻很多。他們總覺得自己得到的不夠，應該擁有一切，而不允許自己放下一件，而那沒有得到的一件對他而言，總是最重要的一件。因為放不下，就一定要得到，因為得不到這一件，就盯住它不放，再也看不到擁有的其他許多件了；或者，因為得不到這一件，就覺得自己擁有的一切都變得毫無價值了。或許，這一件只是今天暫不給他，明天就會放在他手裡，那也不行，他現在就要。從表面上看，他的痛苦只是因為「得不到」，本質上卻是「放不下」。

「放不下」的另一阻礙是想承受一切。有的人以為，能夠承受一切才表明自己非常強大。因此，他們對人對事的態度和方式是：我能承受……這樣，幸福也就離他遠去。

人非聖賢，很多事是不能左右兼顧的，縱然有三頭六臂也同樣不能挽留將逝去的東西，順其自然或許更符合事物發展的規律。何必什麼都獨攬於手不能放開，弄得整天身心疲憊精神委靡，更可怕的是小病大病的糾纏，那可是最大的悲哀和不幸。

在人生道路上，面對鮮花和掌聲，有自知之明，能等閒視之的人多，但對於坎坷與泥濘，能以平常心視之的人少。面對大的挫折與大的災難，能不為之所動，能坦然承受，這就是度量，就是睿智。以大肚能容天下之事為樂事，這境界。既來之，則安之，這是超脫。拿得起，實為可貴；放得下，才是人生處世之真諦。

世間萬物皆相同，什麼都需要播種，而「放下」就是幸福的種子，就看你能不能種一粒有生命力的種子，而不是煮熟了的種子。

放下癡想、放下負擔、放下包袱、放下所有該放下的。這樣才能放下心頭的石頭，只有放下才能在心中播下幸福的種子，讓幸福之花開得更為燦爛。

智慧品人生

人生唯有「放下」，才可能獲得真正的快樂。

放下，並不是放下手中的物品，而是放下一顆勞累沉重的心。心靈平穩紮實了，才能安閒優雅，才會感到生活的幸福、生命的美好。一千個人眼中有一千個哈姆雷特，一千個人眼中有一千種幸福，但心情平靜、心無掛牽的那種輕靈的感覺，應該是公認的幸福！

2・知足者常樂

俗話說：「事能知足心常樂，人到無求品自高」，知足者身貧而心富，知足的人才是世界上最富有的人，最快樂的人。

放下愈多，得到愈多

人，越是想得到的東西越不容易得到，只有放下了，你才可能獲得更多。就像是急需找一樣東西卻越急越找不到一樣，因為你沒放下，所以你才找不到。

一個人經長途跋涉去尋師求教，尋到師傅後，師傅只是給他一個杯子，讓他倒滿茶。求教者奇怪地問：「這個杯子是滿的，如何再倒茶進去？」師傅說：「你的心裡裝滿了執著，如何聽得見道理？」

有些人總願意活在回憶中，回味那無窮而又除不掉的苦味，其實那並不是真實的生活。在那裡接觸不到未來，永遠都只是過去，沒有你要的未來，幻想的未來是不存在的。學著放下，放下包袱去生活，會感覺很輕鬆。該想的，該計畫的，該考慮的，在它發生前都要考慮到，但應只是記下來，不要背負著，讓自己輕鬆、快樂地活著。因為我們已經知道了，不用驚奇，更容易接受，也更容易把包袱丟掉，快樂也就離我們越來越近。

為什麼要挑著一副毫無意義的重擔去趕路呢？你要記得什麼？失去了就失去了，過去屬於過去，打翻了牛奶瓶就打翻了。昨天就是昨天。你要做的就是放下，放下，你就得到了。

人生中，你總會遇到一些能讓人心動，讓人留戀，讓人感嘆，卻並不屬於我們的美好東西。對於那些不屬於自己的，除了在心底留下一份溫馨的記憶之外，就是要學會放下。當無法走近的時候，不妨靜靜地欣賞它；當無法欣賞到它時，不妨靜靜地憧憬它；當無法擁有它時，不妨把那一份美好塵封在心靈的最深處珍藏它。牛奶瓶碎了，不能讓牛奶重新流回來；磨完的麵粉，不能再變回麥子；鋸木頭剩下的木屑，不能再變成木頭。不要為了失去了的東西悲傷。

無論你的理想是怎樣的，你最終的追求永遠是快樂，所以做到了快樂和高興，就是最大的成功。

有求皆苦，無求乃樂

「求者，欲也，無欲而無求。世者，必有欲，亦必有求。有求皆苦，無求乃樂。然求無求亦有所求也。求而無求，無求而求，唯釋懷豁達者，怡然其樂。」

求者，欲也，欲是求的本源，無論平凡一生者或功成名就者，總有欲望，勢必有所追求。

人生是一條遍布荊棘的路，有無盡的坎坷與挫折，試問誰能不苦呢？人為什麼會痛苦？是因為人有「求」，就是有需要，有欲望。人生有限，而欲望則無限，欲望無法滿足，就被煩惱羈絆左右。

而「無求」是一種豁達、釋懷、坦然面對得失的人生境界，「無求」是有所求，有所不求；努力而求，又絕不強求。以無求而求，求而無求。最重要的是無論求的結果如何，必須擁有一顆釋然之心，做到得失皆樂。

現今一些人，對待名利，就像猛獸看到了快到嘴邊的乳豬，害怕咬晚了被他人叼走，拚死奮力地搶奪。有的沽名釣譽，弄虛作假；有的費盡心機，不擇手段；有的見錢眼開，唯利是圖；有的追求享樂，腐化墮落。得到滿足就欣喜若狂，無法如意就垂頭喪氣，因此種種的煩惱、禍患，隨之而來。因此古人說：罪莫大於多欲，禍莫大於不知足。

這其實都是在折磨自己，讓自己離快樂越來越遠。要知道：知足的人即使貧賤也很快樂，不知足的人就是富貴也很憂愁。「事能知足心常愜」，人不要有太大的野心，不要有太多的欲求，讓自己背負太重的心理負擔，活得太累。

「來時來，去時去，終需有，莫強求」。知足則幸福常存。

智慧品人生

放下是一種境界，是經過思索、經過痛苦、經過掙扎、經過突圍後的頓悟！放不下悲情，悲情就如絲繭纏得心透不過氣來；放不下功名，功名就如塊壘壓在心頭；放不下虛榮，虛榮就如酸鹼腐蝕著心靈；放不下仇恨，仇恨就如毒霧遮住了陽光……

「得到」的快樂是短暫的，唯有放下，才會有真正的坦然與輕鬆。快樂源於知足，知足源於放下，放下得越多，就越容易知足，知足而樂！

「知足」並不排斥進取，「無求」也不是看破紅塵，而是一種寧靜、坦然、達觀的生活態度。人要有知足的心態，不知足的精神！

3・放棄，讓自己活得灑脫

放棄對於每一個人來說，都是一個痛苦的過程。因為放棄意味著永遠不再擁有，但是想不放棄就擁有一切，最終你將一無所有。這是生命的無奈之處，生活給予我們每個人的都是一座豐富的寶庫，你必須學會放棄，選擇適合你自己擁有的。

選擇放棄，學會灑脫

選擇是一門藝術，放棄也是一門有關心靈和智慧的藝術。人生變數無窮，資源和精力卻有限，當我們得到一件事物的同時，常常意味著另一件事物的失去。選擇和放棄總是相伴的，如同選擇婚姻就意味著要失去單身的自由，成為名人就要放棄常人的閒暇。西方的一位哲學家曾經說過：「人永遠不可能同時踏進兩條河流。當我們面對兩條道路的時候，我們要勇於選擇，懂得放棄。」

人生處處要面對選擇。越長大，面對的選擇也越來越多：選擇喜愛的食品和衣服，選擇理想的學習環境，選擇合適的生活方式，選擇前進的人生方向……人生能遇到的大都是一個互相選擇的過程，無論你面對什麼樣的選擇，放棄你選擇之外的東西是必然要經歷的。

面對許多無法避免而又至關重要的選擇，選擇放棄是一種勇氣，也是一種魄力，也許你選擇的常常是讓人為難的，無標準可依的，也許你選擇之後，放棄的是會讓你終身後悔的，但不管怎樣，我們必須有所選擇、有所放棄。選擇之後就該去面對，就該讓自己更為灑脫。

張愛玲曾寫過：「娶了紅玫瑰，久而久之，紅的變成了牆上的一抹蚊子血，白的還是『床前明月光』；娶了白玫瑰，白的便是衣服上沾的一粒飯粒，紅的卻是心口上的一顆朱砂痣。」羅大佑也曾經吟唱過：「人生難得再次尋覓相知的伴侶，生命終究難捨藍藍的白雲天。」是的，人生充滿缺憾，當我們走在自己人生的路途時，會邂逅一些事，遇見一些人，遭遇一些快樂和憂傷。同時也在不可避免地錯失，自覺或不自覺地放棄另外一些同樣可貴的東西。既然選擇了放棄，就該有個好的心態去面對放棄的結果，如果斤斤計較，又如何能變得灑脫？

要擁有實實在在的生活，就要認認真真地去體會人生的每個細節，要獲得快樂的生活，必須放棄執著的貪欲，跳出紛擾的世事，讓自己的心境如晴空朗月，似行雲流水。學會灑脫，才能享受到生活的真味。學會灑脫，才能掙脫名利的繩索，達到生命至高的境界。

有一種灑脫叫放棄

人在社會中，有很多時候都會身不由己。終日忙碌讓人心靈的負擔讓人疲憊不堪，要讓心靈釋放，就該試著去放棄，給自己一份灑脫。灑脫，是在痛苦之後的平靜，是在苦澀中品味出的一絲甜蜜。只有適時放棄，擁有灑脫，才能和快樂有緣。

在人生的道路上，誰都會面臨挫折和失敗，誰都會有很多的不如意，在這種情況下，把心放寬，用灑脫的心態去面對，才讓你備感輕鬆，用堅強去戰勝眼前的困難。學會灑脫地放棄，放棄那些本不該屬於自己的東西，把傷痛和哀怨化做前進的動力，用一顆開朗的心去迎接痛苦後的新生！

「不以物喜，不以己悲」，這句箴言表達的就是放棄的真諦，更是灑脫的寫真。具備了這樣的心境，懂得放棄，才能真正地灑脫。李白放棄了權力和富貴，取而代之的是逍遙自在，得到名垂千古的「詩仙」殊榮；陶淵明放棄了世俗的功名，有了在落英繽紛、鳥語花香的世外桃源裡優哉游哉的田園生活。

人生本是一場戲，放棄之於人生而言，是瀟灑，也是解脫。學會放棄，讓心靈每天都得到淨化，剔除生活中的糟粕，讓每一天都過得有質有量，充滿著靈氣，不為已放棄的東西感到惋惜與心疼，這樣的灑脫才能使人時刻保持開闊的心胸。

懂得將放棄看成是新的開始，就意味著你的生命將注入新的能量，當你放棄一個不值得與你交往的人，當你放棄一件不值得讓你留戀的事時，生活的舞臺便能重新給你擔任新角色的自由。如果你把每次放棄都看成是迫不得已的，那麼你人生舞臺上演的劇必將成一出悲劇，這樣的沉重人生又何談灑脫呢？

智慧品人生

生活的艱辛，社會的繁雜，快樂的短暫，讓人們在無奈裡放棄了許多本該堅持的東西。但是生活原本如此，它就是一場一個人的旅行，沒有人可以替代。只是因為想要走得遠些，去穿越更鮮活的風景區，所以只能選擇孤單。總之一句話：「倘若蝌蚪總是炫耀自己的尾巴而捨不得放棄，那它將始終長不成自由跳躍的青蛙。請別忘記，捨棄是為了更好地得到。」所以，要想活得灑脫，放棄身外物、身上事是必須的。

4．不以物喜，不以己悲

不以物喜，不以己悲。

——范仲淹

人的一生，意料之中和意料之外的事情會不斷地出現，有大喜的，有大悲的，有讓你快樂的、幸福的、滿足的、興奮的，但也有令你沮喪的、悲哀的、失落的、痛苦的。你也不知道它們會在什麼時間、什麼地點、什麼情況下默默無聲地來到身邊。所以，無須擔心境遇不如意，也勿妄自得意安逸美好的現狀，因為快樂與痛苦是一對孿生兄弟，它們如影隨形。

痛苦與快樂同在

戰國時，塞外住著一位老翁。一天，老翁家裡養的一匹馬無緣無故走失了。在塞外，馬是負重的主要工具，鄰居們聽說後，都來安慰他，這位老翁卻很不在乎地說：「這件事未必不是福氣！」過了幾個月，走失的那匹馬居然帶了一匹胡人的駿馬回家，這真正是賺了，鄰居都來慶賀，老翁卻說：「這未必不是禍！」幾個月後，老翁的兒子騎這匹胡馬摔斷了大腿骨，鄰居們在佩服老翁料事如神之餘也趕來慰問，而他卻毫不在意地說：「這倒未必不是福！」事隔半年，胡人入侵，壯丁統統被徵調當兵，戰死沙場者十之八九，而老翁的兒子卻因為摔斷了一條腿免役而保住一命。

塞外老翁這種透過長遠時空、利弊並重的思考問題的方法，自然產生了「不以物喜，不以己悲」的平常心，遂成為中國傳統文化中睿智的典型。這種平常心帶來了生活中的和諧，寬容之心不也是如此嗎？

人活著很不容易，需要面對的未知事物很多很多，生命中有快樂的同時，也夾雜著諸多的痛苦，痛並快樂著，這就是真實的人生。養成「不以物喜，不以己悲」的達觀心態，在快樂的時候，不焦不躁，努力工作，享受生活；在痛苦的時候，樂觀面對，把痛苦當成體驗生命存在的過程。

不要因為一時的痛苦而長期痛苦下去，也不要因一時的快樂而麻痹你的思想。一切順其自然，即使灰飛煙滅，你也能無憂無慮，也不會喜怒無常。得到與失去，只不過是在這一次，而不代表以後的每一次。快樂與痛苦也一樣，也只是這一次，並非代表以後的每一次。你也不要因為失去了某方面的東西，而傷心、鬱悶。因為，也許，另一種你想得到的，就在下一站等候你。要有樂觀、積極的心態，不以物喜，不以己悲，像塞外老翁一樣，要從長遠考慮問題，做生活的智者。

和諧為快樂之本

和諧是沉靜，是淡泊，是寬容，是中庸，是誠摯，是禮讓，是信任，是祥和，是與人為善，是自得其樂，是退即是進，予就是得，是清心寡欲，與世無爭。

大雁高飛時排成「人」字，展示了生命的和諧之美；「相看兩不厭，只有敬亭山」，揭示了人與自然的相處之道；同舟共濟、扶危濟困，構建和諧社會的最強音符。自然需要和諧，人類需要和諧，社會需要和諧。可見，世界上的一切美麗皆是因為有了和諧，一切快樂也皆因有了和諧。

和諧是快樂之本。古人說：「家和萬事興，人和社稷安」。無論是個人、家庭，還是社會，都離不開和諧的人際關係與社會氛圍，因為，只有家庭和睦、鄰里融洽，才能創造出和諧的生活與工作環境，才能擁有舒暢而快樂的心情。

和諧而不千篇一律，不同而不相互衝突。和諧則共生共長，不同則相輔相成。和而不同，是社會事物和社會關係發展的一條重要規律，也是人們處世行事應該遵循的準則。「營造和諧，收穫快樂。」這句話說得一點都不錯。人生在世，既有順境，也有逆境，這是人生之常態，但無論是生活還是工作，都需要我們保持快樂的心情，否則，整日只有痛苦，又何談生命的意義、真諦和價值。因此，不斷講求內心的和諧就非常重要和必要了。保持積極心態，不一味地在自己的消極意志中沉寂下去，要改變目前的不和諧狀態，就能找到快樂之源。

當然，和諧不會憑空而生，快樂也不會自己到來，它需要每一個人的努力與精心呵護，只要每個人都能從生活的細節做起，時刻記住「予人以樂，己也快樂」的格言，我們就能在和諧中享受快樂。寵辱不驚，看庭前花開花落；去留無意，觀天上雲卷雲舒。只要我們以好的心態去待人接物，無論是生活還是工作，和諧便至。

和諧猶如一幅畫，好似一首歌，它有著巨大的凝聚力，同時也有著不竭的創造力。曆覽古今，抱定這樣生活信念的人，最終都實現了人生的突圍和超越。

智慧品人生

不以物喜，不以己悲。居廟堂之高，則憂其民；處江湖之遠，則憂其君。是進亦憂，退亦憂；然則何時而樂耶？其必曰：「先天下之憂而憂，後天下之樂而樂矣！」……雖然人非聖賢，沒有幾人能做到「不以物喜，不以己悲」，但是只要讓自己內心儘量保持這種平和，快樂才會不期而至，永不退色。

5·得之淡然，失之坦然

得之淡然，失之坦然，成功必然，順其自然。失意的時候常有，失意的時候能坦然的人不常有。人生低谷時，能調整心態，坦然面對的人，必將重新崛起。

淡然——人生真諦

用平常心淡然處事，方能舉重若輕。人生雖然不是那麼簡單，但也不是自己想的那樣複雜，放寬心境，淡然處事，就會心情舒暢許多。

一代名相諸葛亮，雖然滿腹才華，但他淡泊明志，寧靜致遠；鞠躬盡瘁，死而後已。雖為兩朝元老，但不倨傲，不貪功，不專權，被人尊敬有加。千百年來一直都被人們視為智慧的化身，效仿的榜樣。

「智者樂山山如畫，仁者樂水水無涯。從從容容一杯酒，平平淡淡一杯茶。細雨朦朧小石橋，春風蕩漾小竹筏。夜無明月花獨舞，腹有詩書氣自華。」回歸田園的陶淵明是恬淡的，他採菊東籬下，悠然見山，躬耕南野，戴月荷鋤，拋卻了公牘之勞，不為五斗米而折腰，在自由自在中度過自己的美好人生。

幾度遭貶的蘇東坡是淡然的，浩浩蕩蕩的長江陶冶了他的情操，亂石穿空的堤岸磨煉了他的意志，使他得到了人生的真諦，寄情江月，淡然處事。幸福隨手可得、俯拾即是。沒有在冰天雪地裡躑躅過的人，不會感到暖室輕衾的舒坦；沒經歷過饑餓煎熬的人，不知道溫飽的幸福；沒有過殫精竭慮的人，不會有大徹大悟的淡然。

淡然，顧名思義就是不在意，不放在心上。在對人生的態度上，淡然就是淡泊一切名利，這是得意時的最為重要的心態。世界上有很多數學家主攻龐加萊猜想，可是最終卻只有朱熹平取得成功。這是為什麼？他說：「我慢慢悠悠、慢慢悠悠地做著，一點也不急，忽然就解開了。」話說得很輕巧，但蘊含淡然，不急功近利，有條不紊；不浮躁，不溫不火，十年磨劍，「淡」字功不可沒。淡然，不經心在意，卻是一種堅守；無影無形，卻是一種大智慧。

淡，卻並不平淡，而是絢爛之極。「淡」是質樸、清淡、簡約、無旁斜出、無煩冗奢華，有的只是一如既往，踏實爭取。淡是底色、成就華章，心靈淡然若水，人生便如行雲流水，輕盈飄逸。

淡者寬容、謹慎、執著，從不忘乎所以。順境時能淡然，在逆境時能坦然，人生的步履就能邁得更從容，邁得更穩健。

淡然哲學

「淡」是很簡單的一個字，卻蘊含很深的哲理。它不是平淡無味，而是有取有棄，有收有放。高山無語，深水無波。「淡然」是至美的人生境界。絢爛至極歸於平淡，不是平庸之平，也非淡而無味之淡，而是素淨質樸、寧靜深沉，是深邃的執著，是內心的祥和，是深入的淡定，是物我兩忘的境界。作為一種人生準則和處世風格，它是對人生的深層領悟，是人生境界的極致。

淡然處世，是追求簡單的生活，以寬容換得內心的寧靜。淡然的人，工作兢兢業業，生活中怡情養性，體面而不張狂，不做強人，也不做附庸。因為，人生需要執著，更需要隨緣，緣來惜緣，緣去盡釋，才可以真正的從容恬雅。淡然的人，懂得不斷地修煉從容的心性和健康的心智，在職場的拚殺中放達寬厚，氣定神閑。當白日的塵埃落定、紛繁且逝時，在燈下或開卷慢品，或靠枕細讀，將千萬縷思緒託付於溫柔寬容，在歲月的輪迴中，細緻地經營著自己的人生。

淡然處世，是對人生的寬容。淡然的人，往往受到人們的敬仰與愛戴，而那些爭名奪利之人，哪一個不是落得身敗名裂的可恥下場。

淡然處世是對人生的俯視，是一種超然於物外難得的另一番人生境界。淡然的人，明白什麼是愛，什麼是不愛，面對愛恨情仇懂得隱忍，把滄桑深埋心底，讓一切慢慢地在記憶中沉澱。淡然的人，懂得什麼是屬於自己的，什麼是不屬於自己的，活得有夢想有目標，無論這夢想是否瑰麗，這目標是否崇高，都會讓人生更加精彩、更加絢爛。

淡然活著的人，善良、率直、坦蕩，能平和地品評人生的各種滋味，享受生活的樂趣。為人處世，在積極進取的同時，不要忘了在內心深處要為自己保留一份超脫，一份淡然。

智慧品人生

遠離過去的衝動，減弱過去囂張的氣焰，你就會發現不僅煩惱的事情少了，心境也會平和許多，而且也少了許多的束縛。在人浮氣躁、物慾橫流的世界裡，淡然處世，呈現給別人的坦然的微笑，端莊的氣度，深厚的內涵。在複雜之中尋找簡單，生活將會更加愉悅！

第五章
競爭職場，智慧生涯——愈放下路愈寬

職場有如一個大型競技場，我們會遇到形形色色的人，等著與我們過招。不論是上司、同事或是下屬，都與我們相互影響、相互制衡。

你若認為你才華洋溢，記得藏拙；你若認為你備受寵愛，記得低調；你若認為你技冠群雄，記得謙虛。因為職場生存靠的不是只有高IQ，還有高EQ。學會放下驕傲、輕裝上陣，有時反而是以退為進，借力使力，仕途越走越順暢。

1．放下標準，用心去愛別人

愛是放下自己的標準，放下自己的信念，放下自己的「應該」與「不應該」，不加任何價值判斷地理解一個人，接納一個人，包容一個人，欣賞一個人。

職場標準

有人說，不管做什麼事，都會有一套標準。所以，在職場，也有其標準，這猶如人們在戀愛時定的愛情標準一樣。

可是，在愛情的世界裡，有所謂的標準嗎？有人問和對方會不會開始得太快？亦有人問，她的愛情觀是不是已經落伍了？要是愛情的產生時間真的有標準的話，那麼這標準到底從何而來，又是誰定的？

其實，在紛繁複雜的世界裡，很多事並沒有絕對的標準。由於每個人的職業不同，每個人都是獨特的，不同的經歷、性格和成長背景使人有不同的社會觀。立場不同，看法也不同。因此，職場標準也就會有所不同。難道遵守所謂的職場標準，你便能夠在一個地方長久待下去嗎？如果事事都循規蹈矩，你豈不是會活得更辛苦，而這樣又有什麼意思呢？

如果我們像機器一樣，只懂得按照一個個步驟進行，一切按標準進行，這樣的工作品質並不見得會提高。在工作上哪還會有創新，哪還有什麼熱情所在，這樣一來，工作對我們來說還有什麼意義呢？

其實，在職場生存並沒有所謂的標準，因為做好自己才是最重要的。如果自己不懂得如何為人處世，就無法很好地生存下去。正因為沒有標準，我們更要做好自己，這樣才能問心無愧。

身在職場，我們做好自己，努力工作其實就是為了時刻提升自己的能力，是為了自己進階的那一天，到那一刻，我們過去所有的辛勤付出都會得到回報！同事是我們職場上的夥伴，是親密無間的朋友或者矛盾重重的對手，當我們在職場中與其相處時，只有親密合作這種情緒能夠保留。職場是一個充滿理性的地方，投入過多的情感只會像迷霧一樣擾亂我們的視線，使你的職業生涯遭到致命的打擊。

不同的人，應該有不同的工作態度和方式，只有這樣，才能使散發出個人獨有的魅力。因為如果每個人都按照一樣的職場標準工作的話，那麼所有人的職場觀就會變得完全相同，這樣我們便失去了自己的特色，做什麼工作根本沒有任何區別。

假如真的有職場標準，用心工作，維繫好人際關係，講究職場道德，做好自己，就是最好的標準。

從愛自己到愛別人

在日常生活中，我們無論是討厭一個人還是喜歡一個人，都習慣於按自己的標準去衡量對方：不合乎我的標準，就討厭；合乎我的標準，就喜歡。工作守時是我的標準，如果對方是一個守時的人，我就喜歡他；如果對方常常遲到或早退，我就討厭他，甚至把他歸入不再深入交往的黑名單。衣著得體是我的標準，如果對方在乎自己的形象，我就喜歡他；而如果對方不修邊幅，我就討厭他。難道人與人的相處都是按標準進行的嗎？

愛情其實是一個從愛自己到愛別人的過程，同樣，我們在工作當中，也應該學會從愛自己過渡到愛別人。這個過程既簡單又複雜。簡單在於方式方法，而複雜則存在於內心。

心理學家說，現在的很多人都太愛自己了，而忽略了如何去愛別人。不肯屈就先道歉，覺得那是丟面子；不肯主動送禮物，覺得那是虛情假意；不肯幫助別人，覺得對方可以自力更生。那人與人之間的友誼還會存在嗎？難道彼此都守護著自己的堡壘，互不干涉嗎？答案當然是否定的。愛，是一種雙方的融入，是一種彼此的尊重，是一種互相的付出。只有用心去愛別人，才能贏得別人同等的尊重和愛心。

從經濟的角度看，愛的投資就好比是投資互動性很強的產業。當自己開始付出時，這付出的形式某種程度就在於各種日常事務當中。當然，這所有的一切都要建立在真心的基礎之上，否則純粹用假像堆積起來的過程也只能當成風景畫，而不能真正進入其中。當然如果說自己的付出失敗了，也不必因此而喪氣，因為從另外的角度講你積累了經驗，為下一次愛的投資做好了準備。

從社會效益的角度看，愛別人的同時，增加了人與人之間的信任感與融合性，每個人在這個過程當中學會了尊重，懂得了寬容，瞭解了付出，從而使得社會上的人情味可以得到進一步改善，同時自身的愉悅感也會因此大大加強。

所有的溝通技巧，所有的心理理論，都是在給人們做心理調解，引導人們邁出自我的門檻，走出自我封閉的狀態，融入社會中去。如果說一個人愛的能力很強，那麼他只需自己給自己培訓就夠了；如果愛的能力欠缺，總要找到某些方式，或是朋友或是社會培訓來重新培養這種能力，只是，每個人選擇的培訓方式有所不同罷了。只有懂得從愛自己轉移到愛別人，你才能在職場裡自由馳騁。

智慧品人生

人類之所以不自由，就是因為都在按自己的標準看人，這樣對他人就太不公平了。也就是因為這種不公平，人們才會處處受限制。人與人的相處應少一點標準，多一點和諧；少一點痛苦，多一點開心。因為我們總是在用自己的信念、價值觀和行為準則來衡量別人，所以我們才會滋生出好惡之情。如果職場真的有標準的話，那麼應該是這樣的：我允許你和我有不同的看法，我接納你與我有不同的做法，我理解你本應該與我存在差異，就像世界上無法找到完全相同的兩片葉子，我接受你的不同，也欣賞你的不同，我感恩因此創造出豐富多彩的世界。放下自己的標準，從容淡定地去工作和生活吧！

2・放下一些無謂的忙碌

一九一八年九月十六日，列寧去參加莫斯科黨委會議。有個人從座位上站起來鼓掌歡迎他，列寧嚴肅地說：「同志，坐下，不要這樣無謂地忙碌。」雖是即時之語，卻反映出列寧的求真務實和樸實無華，令人敬佩和深思。

無謂地忙碌

無謂，字面意思是是毫無價值，而成語「碌碌無為」，說的也就是這個意思。忙得不可開交，卻是「無為」，豈不是太可怕了？

在一篇《為官不能這樣忙》的文章裡，作者給我們列舉了種種無謂的忙碌，例如，忙著行政事務，忙著赴約趕場，忙著八面玲瓏，忙著逢場作戲，忙著你來我往……有人說，「忙、茫、盲」相連，無謂之忙到一定地步就變成了茫然，再發展下去就變成盲目了。像這樣的忙碌，既浪費了財力，又浪費了精力，何苦這樣呢？

一個公司想招聘一些做事有效率的員工。一群剛畢業的大學生來這家很有名氣的公司面試。主考官拿出一個大玻璃瓶放在桌上，隨後，他把一堆拳頭大小的石頭一塊一塊地放進瓶子裡，直到石塊高出瓶口再也放不下去了。

他問求職者：「瓶子滿了嗎？」他們都回答：「滿了。」

主考官說：「真的嗎？」說著又拿出一些小石子，慢慢倒進瓶中，並搖動玻璃瓶，使小石子填滿大石塊的間隙。「現在滿了嗎？」他又問。

這群大學生們似乎明白了他想要說什麼，連忙回答：「可能還沒有。」「很好！」主考官又拿出一杯沙子，慢慢倒進玻璃瓶。沙子填滿了石塊間的所有空間。

他又一次問他們：「瓶子滿了嗎？」「沒滿！」大學生們大聲說。然後主考官拿過一壺水倒進玻璃瓶，直到水面與瓶口齊平。

主考官拍拍手，問學生：這個例子說明什麼？一個學生說：「它告訴我們，無論你的時間多麼緊湊，如果你真的再加把勁，你還可以幹更多事情。」

「不完全是。」主考官說，「它還告訴我們，如果你不先把大石塊放進瓶子裡，那麼你就再也無法把它們放進去了。」那麼，什麼是你的「大石塊」？你們也許每天在工作中忙忙碌碌，似乎很努力、很積極，但是否抓住了最重要的事情呢？在一個公司裡，員工的能力並不是完全體現在不停地忙碌上，而是體現在做事有沒有效率上面。每個公司都需要求真務實的員工。要想求真務實必須拋卻無謂的忙碌。在一個公司裡真忙？假忙？實忙？虛忙？這裡頭有境界、有態度、有水準的問題，但關鍵還在於「為誰辛苦為誰忙」。既然忙而「無謂」，費力不討好，為什麼有的人還津津樂道或心不願而勉為之？那是因為這忙中「有戲」，無謂中「有為」，甚至「有位」，所以才不顧實際，甚至不顧良心地去忙。放下那些無謂的忙碌，端正工作態度，這樣在忙中才會有所收穫，日子也會因此而過得充實快樂！

競爭職場，首先要有一個明確的目標，該做什麼，不應該做什麼，如果整天都在無謂地忙碌，無疑是在浪費時間，浪費生命。放下功名利祿，抓住屬於自己的「大石頭」，這樣的忙才會有價值。

如何忙碌

職場反映人生，一個不會認真工作的人，就不會認真生活。工作幾乎是每個人一生中都要經歷的事情。如何在職場中不被人擠得頭破血流，那要看你怎麼做。有的人忙得不亦樂乎，有的人卻忙得牢騷滿腹，更有的人忙得失去了自我。那麼，到底應該如何做到有效忙碌呢？

首先，要明確工作目標。這點尤其對剛工作不久的人來說最適用，初涉職場的人，對很多情況不熟悉，工作方法還沒有完全掌握，在接受主管交代的任務時有時根本沒有弄清楚，卻又不好意思去問，於是按照自己的理解來做，做到一半後，才發現方向不對。雖然很忙卻沒有成果。對於這樣的情況，要讓分配任務的一方多重複一遍任務，並簡述一下完成的方法，確認自己已經完全明白後，再開始工作。

其次，要確定好工作方法。同樣一項任務，不同的人做就有不同的效率。一般情況下，對工作比較熟練、勤於思考的人工作效率會更高一些。工作效率高的人往往在開始一項工作前，對工作的目標、所採用的方法、需要的資源都會進行合理地規劃，確認後才開始實施，因為這樣才能提高效率。「磨刀不誤砍柴工」，如果你在進行一件你所不熟悉的工作，首先一定要主動弄清工作原理，不要一接到工作就馬上開始做，這往往會越做越難，甚至寸步難行。

最後，就是要做好時間管理的問題。很多人都會覺得自己整天忙忙碌碌，而工作卻毫無成果，這其實就是因為在時間管理上出了問題。

一個公司的新員工，在與主管談下周的工作計畫時，聽到自己座位上的電話響了，便急忙跑回自己的座位上接聽電話；一個部門經理，在參加總部召開的視頻會議時，被其他部門要求提供資料，便急忙離開會場幫忙整理資料；一個管理福利的員工，一個月要到市公積金中心三次……當然，偶爾出現這樣的情況，並沒有多大的問題，因為總有一些特殊情況或更緊急的事情要處理。但是如果經常這樣處理事情，恐怕就是在時間管理上出了問題。一旦確定做一件事情，最好將這件事情一口氣做完，尤其是在不適合中斷的事情上。

和主管談周工作計畫應該是比較重要的事情，而電話響未必重要，兩件事情同時出現的時候可以做一個選擇；與總部開視頻會議應該比較重要，除非認為這個會議很無聊，不參加也可以，如果其他人有工作要幫忙，可以告訴對方自己現在在開會，大概幾點結束，結束後再去幫忙；對於到公積金中心辦埋繳納、停止或代員工領取等業務，如果每月集中到一天去辦理，就可以節約很多時間把零散的工作集中一個時間段處理，比方說：每月的幾號辦理什麼事情，每週的什麼時間處理什麼，每天的幾點集中處理郵件等，這樣也可以節約時間。最可怕的是，沒有規劃，一會接電話，一件事情還沒處理完，便又看到了新的任務，又開始去做新任務，還沒理出頭緒，便又有人要求你去做其他事情……

如果每天都好像有做不完的事情在等著自己，忙忙碌碌，卻沒有一點進展，沒有一點成果，這只能說明這個人不會工作。其實，只要掌握好做每件工作的時間，清楚哪件事急需辦理，哪件事可以往後放一放。不要忙著這個又去忙哪個，結果沒有一件事能完完整整地做好。瞎忙一陣，徒勞無功。

一個人的忙碌有很多原因，不管自己多麼忙，千萬不要浪費自己的時間，懂得怎樣忙碌才會有大的收穫，這是每一個在職場奔波忙碌的人應該停下來好好思考的問題。提高自己的工作效率才是最值得去做的事情。

智慧品人生

如果忙碌了一場，結果什麼成果都沒有，那就及時放下這些無謂的忙碌。想要使工作做得卓有成效，是有章可尋的。比如，一個科學的時間安排，便能讓你明確不同階段要完成什麼任務，為下一階段該做什麼準備；在工作過程中要及時總結，取長補短，懲前毖後，那麼工作結束後，你會發現自己大有收穫，心裡面也會很充實。保持一個良好的工作狀態，不要再去做那些無謂的忙碌了！

3・知識精英要放下「寵兒」心態

人，必須懂得及時放下，放下那些看似最有利可圖卻不能令人再進步的東西；人，必須鼓起勇氣，不斷學習，才能攀登生命的另一高峰。

放下「寵兒」心態

「如今的大學生不能再自詡為社會的精英，要懷著一個普通勞動者的心態和定位去參與就業選擇和就業競爭。」一位教育部有關負責人「一語點醒夢中人」。

在當今社會，對於大學到底意味著什麼，每個人都會有自己的看法。很多知識精英們會認為，大學就意味著工作，甚至意味著是鐵飯碗式的工作。如果是在精英教育階段，大學生確實擁有眾多優勢，但是在普及教育階段，大學生只意味著受教育程度，和就業好壞並沒有多大的關聯。

高等教育毛入學率指一個國家適齡人口接受高等教育的比率。根據國際公認的標準，高等教育的毛入學率低於15％為精英教育階段，15％到50％為大眾教育階段，50％以上為普及教育階段。一九九七年，中國大陸高校毛入學率僅為9％左右；而到一九九八年，普通高校本專科招生數為一百零八萬，二〇〇〇年為兩百二十一萬，二〇〇三年則達到三百八十二萬，高等教育毛入學率達到17％。這個數字並不包括那些被父母送到海外上大學的人數。根據這些數字，中國雖然還不能說是進入了高等教育普及階段，但是已進入高等教育大眾化階段卻是不爭的事實。

在以前的精英教育階段，通過淘汰率特別高的高考，在人才選拔上是優中選優。然後，大學按照國家計畫需要定向培養，畢業後將畢業生一一分配到早已安排好的用人單位。擁有了大學畢業生身分，就意味著擁有了國家幹部的身分。對於這種安排，幾乎沒有人會提出異議，畢竟大學生就等於是社會精英。然而，在大眾化教育階段，考上大學只代表著社會成員個體達到了這個標準，並不代表著會端上「鐵飯碗」。

大學生應放下寵兒心態，把自己定位為「普通勞動者」。在高等教育普及化的西方發達國家，大學畢業生並沒有擔任國家公職以及獲得高層管理職務的特權，能力的大小才是在職場拚殺的決定性因素。另一個需要指出的是，當媒體對於不少七八十歲的外國老年人仍在攻讀大學學位而驚奇時，就是由於國人忽視了大學生其實只是一個評價個人素質的條件。

告別「精英意識」，中國大學生必須意識到這一點。從精英教育到大眾化教育，這種轉變是社會的進步。大學生最關心的是就業，但是「就業不足」和「有業不就」同樣存在。雖然總體看大學畢業生的就業期望有所降低，到中小企業就業、靈活就業、自主創業的畢業生逐年增加，學生擇業觀念和心態在發生積極的變化。不要再受傳統觀念、社會輿論等多種因素影響，一定要跟緊時代的步伐，給自己作出正確的定位。

知識精英，角色重構

知識精英作為社會發展的獨特力量，在人類的社會發展中起著不可替代的重要作用。

我國已進入和諧社會建設的關鍵時期，迫切需要各方面力量的協調整合。因此，在這樣的形勢之下，知識精英應該擺正自己的位置，力爭在和諧社會的構建中實現自我價值。

然而，那斯達克縮水與「911」事件的打擊，把全球IT行業帶進了「嚴冬季節」，中國的一些IT企業不免會感受到陣陣寒意。隨著英特爾等上游企業的大幅裁員，很多企業也開始進行「人員優化」。令當事人和旁觀者感到有一絲溫暖的是，IT企業裁員並不像聊天室的管理員「踢」人那樣冷酷無情，比如，給即將「離開工作崗位」的員工發一本《誰動了我的乳酪》的圖書，就顯示了管理者的良苦用心。

IT企業裁員與大家常見的產業工人「下崗」（意指退下工作崗位，特別指中國大陸國有企業在機構改革中，失去工作的工人）有著完全不同的意味。IT從業人員大多擁有較高的學歷，知識儲備比較深厚，技術素養處於人才金字塔的上端，一向被看做知識精英和「知本家」，在IT經濟處於漲潮期時，他們甚至被譽為「金領階層」。他們一旦離開工作崗位，比例往往比產業工人還高，這多少會讓人對經濟前景產生不安心理。

不過，這些「金領」人士並非完全沒有心理準備。置身於泡沫之中的人，應該最瞭解泡沫的不穩定性，也必然意識到了「前浪死在沙灘上」的極大可能。如果說知識精英有什麼不同於常人的地方，那至少表現在兩個方面，一是擁有專業知識和技能，二是有良好的應變能力。面對當前全球的經濟形式，沒有永遠的「鐵飯碗」。因此，只有運用良好的應變能力，調整心態，才能實現自身的價值。

「人才金字塔的上端」、「精英」、「知本家」、「金領階層」，一個短短的述評，就給資訊產業從業人員那麼多高帽子。離職了，不就是失業人員嗎？卻也要高人一等，講究「階層」，表示自己是特殊的，摘不掉那些高帽子。其實，不管「精英」的紙帽子糊得多高，離職了就是失業了，到沒錢買飯吃的時候，就需要摘下高帽子，去找活幹。

當《誰動了我的乳酪》這本書放到了自己的辦公桌上時，追問「到底是誰動了我的乳酪」已經沒有必要，流淚和嘆息也沒有必要，重要的是重新出發，去找到屬於自己的另一塊乳酪。中國經濟的飛速發展，知識精英也有可能會有找不到工作的命運，適時地進行角色重構，要學會放下不切實際的「高帽子」，從頭開始。

智慧品人生

知識精英有著年齡上的優勢，「再生」的能力不容小視。只要正確認識自我價值，不斷刷新自己的知識結構，要在這個經濟發展總體看好的年代裡找到自己的位置，應該不是難事。對他們來說，最為重要的一點，莫過於放下「寵兒」心態，勇敢地面對工作中的挑戰。

4．不能糾正的事，何不順其自然

面對激烈的職場競爭、生活壓力和快節奏的社會活動，一個人如果調整不好心態，找不到一種正確排解和消除壓力的方法，難免被生活和工作壓垮。守住知足恬適的心理堤防，做到：凡事順其自然，遇事處之泰然，得意之時安然，失意之時坦然，艱辛曲折必然，歷盡滄桑悟然。保持住一種平常心態，平平淡淡才是真。

——《心理平衡點》

職場女性，學會「鴕鳥姿態」

對風華正茂的職場女性來說，情場和職場存在著天壤之別。「月上柳梢頭，人約黃昏後」自然比朝九晚五或是加班加點的工作要輕鬆浪漫，甚至有時候「忍受」愛情的煎熬也比「辛勤」上班勞動要受用得多。大概是因為戀愛比工作更容易入門，有很多女性在職場上仍採用情場上的思維模式，用戀愛的感覺去工作，當然會有種種讓人不敢恭維的表現。所以，很多公司在招聘時都容易採取重男輕女的態度。

在情場上，女人就像商場購物的顧客，是被服務的對象，是男人的「上司」，需要冷靜、矜持、挑剔、善於發現問題，善於比較和挑選，對於男人能夠管中窺豹、淺嘗輒止，在有限的時間和一定程度地接觸中對男人作出判斷，當然還擁有蠻不講理的權利。但在職場中，上述這些特質和功能幾乎都在禁忌之列。工作就是幹活，意味著不可避免的枯燥乏味，存在令人生倦、令人生厭的環節，以及徒勞無功地付出。女性在工作職場上，需要一點傻乎乎的積極和遲鈍，需要少一點自尊心和多一點承受能力。形象地比喻，就是在工作中要學會有鴕鳥的姿態，對於工作中的種種壓力、矛盾、不公和不快要有視而不見的本領。

老闆的根本追求是利潤的最大化，至於員工的感受和收穫還不是老闆們思考的主要問題，恐怕將來也不是。員工個人的疲勞和委屈幾乎是不可避免的，不要指望老闆憐香惜玉，能做到通情達理已很難得了。所以對天生敏感的女性朋友們來說，對於職場上人們的言談舉止，不要像在情場中那樣細細品味，過度解讀。

由於一些女性太過敏銳，對工作的內容、環境、人際關係等諸多方面有太多不滿，只要有一點不如意，就開始萌生去意，抱怨天下烏鴉一般黑。實際上最讓你滿意的工作通常是你還不瞭解的工作。對於工作當中涉及的人和事，不要有太高的期望值，最好有一顆寬容的心。如果你希望別人能容忍你的工作失誤，那麼，你也應該學會去容忍別人的失誤。當然，上述所說的「鴕鳥策略」也不是不思進取混日子，而是應該把精力放在工作本身。職場上，世事難料，人心難料，各種內在的外在的因素都有可能引起局面改變。

我們是人而不是神，有太多事情是人無法改變的，就好像不能讓打翻的牛奶再回到瓶中一樣，既然如此，何不讓一切順其自然呢？憂慮、掙扎都是沒有用的，命運給我們的都是最恰當的安排，當問題真的無法解決時，千萬別忘了，運用「鴕鳥策略」處事也不失為一種精明的工作態度。

順其自然也是一種辦法

人生在世，做很多事情我們都會感到無能為力，與其選擇苦苦掙扎，何不順其自然，或許還能柳暗花明又一村。

一個人是樂觀還是悲觀，似乎是天生的，是屬於個性的一個部分。相信大多數人都有過這樣的經歷：明知有些話不該說，但最終還是忍不住說了；明知有些事做了，上司或老闆會不高興，但在一氣之下還是做了。事後只有歸咎於個性，然後自嘲地說，「江山易改，本性難移嘛，我要是不這樣說不這樣做，那就不是我了。」更有「升級版」，就是把個性當作原則，如果在職場不如意，就會強調自己不能放棄自己做人的原則。

小吳在一個規模挺大的私營企業做經理，能力不錯，業績也很好，只是他個性頗強，常常出口傷人。不論對象是誰，只要他覺得不對，便會給以顏色，最終他的同事及上司都無法忍受他的做事風格。老闆找他談話，希望他能尊重其他人的感受，因為他的能力不錯所以公司還希望留用，但他當即翻臉，說道：「看到不對的，我就是要說，這是我的個性，是我的原則！」結果可想而知，老闆終於忍無可忍，炒了他的魷魚。

很多人都曾有過和小吳類似的經歷。且不論小吳的行為對錯，他把「個性」與「原則」作為理由，就是職場的大錯與大忌。真正的「原則」是人類社會顛簸不破、歷久彌新、不言自明的真理，是人類行為的準則，也是不容置疑的基本道理，歷經考驗而永不改變；是一些不分時間、不分種族所公認的「價值觀」。

職場風雲變幻莫測，不可能事事都遂人願，事情已經發生，既然無法去糾正，無法讓它像從來沒有發生過。那何必還要耿耿於懷呢？不能糾正的事，何必還要糾正呢？

智慧品人生

對於職場中看不慣的事情，首先應該採取豁達的心胸看待它，努力做好自己的本職工作。對於別人的問題，採取「隨他去吧」的態度，順其自然，就會減少很多不必要的煩惱。對於別人的優點和長處，調整一下個性和認知，從而更好地適應環境。對於那些還在職場拚搏仍沒有成功的人，建議你們「以出世的心態做入世的事情」，很多東西太過強求不但無益，反而會使自己陷入更加尷尬的境地，抓住任何機會使自己全面成長，其他的順其自然就好了。

5・欲望無止境，何不讓自己知足

「知足常樂」聽起來有點消極，功利社會講求的是效率與競爭，這會不會阻礙社會的進步？其實不然，「知足常樂」非但不消極，反而是活潑、積極的，用現代人的形容詞叫「敬業樂群」。

——《66條職場軍規》

降低欲望，知足常樂

人的欲望是無窮無盡的，人的痛苦很大一部分是因為欲望得不到滿足所致，心力交瘁的疲憊感也大多由此而產生。沒錢的時候，想錢，有了錢以後，又想有很多的錢；沒老婆的時候想老婆，有了老婆想兒女；有了病想健康，有了健康想長壽。人的欲望是永無止境的。生活在欲望裡的人們對生活永遠不會滿足，所以他們總是活得很累。由於永不知足，所以他們永遠不會快樂。

所謂知足，是種平和的境界；所謂常樂，是一種豁達的人生態度。生活中我們經常會為各種煩惱所困擾，比如一些人哀嘆社會不公、時運不濟，有一種「黃鐘毀棄，瓦釜雷鳴」的失落感，在這種心態下，覺得失意、失落或氣餒，感到活得很累、很苦、很煩，在哀嘆中消沉下去，一蹶不振，甚至產生輕生的念頭。其原因就是缺乏一種知足常樂的心態與心境。

一個農夫騎著毛驢走在路上，看見前面有位富紳騎著棗紅馬威風凜凜。農夫很自卑地長嘆一聲：「我這輩子要是能有一頭棗紅馬該多好呀，這個小毛驢走起來真的太慢了！」內心很不平衡。可農夫回頭一看，發現後面居然有一位挑著擔子被壓彎了腰的老漢，累得汗流浹背。見此情景，農夫恍然大悟，自己與前面的富紳無法相比，但卻比後面挑著擔子的老漢要強上百倍。想到此，農夫的心裡便開始感到很知足，很快樂。這是個很普通的民間故事，卻蘊含著深刻的道理，那就是「知足者常樂！」

知足常樂，在煩躁與喧囂中，會過濾一種壓抑與深沉，沉澱一種默契與親善，澄清一種本真與回歸，久而久之，便會步伐輕盈，精力充沛。小說《笑傲江湖》裡有一句話：「莫思身外無窮事，且盡生前有限杯。」雖是虛構，卻不失為一種人生感悟，點出「人生一世，草木一秋」的真諦。如果人人都能知足常樂，世間便會少一點橫眉冷對，多一點笑臉相迎。

人生在世，知足常樂。對事，坦然面對，欣然接受；對情，琴瑟合鳴，相濡以沫；對物，能透過下里巴人的作品，品出陽春白雪的高雅。做到知足常樂，在待人處世時，就會有充滿和諧、平靜、適意、真誠的良好心態。

知足常樂是一種人生底色，當我們在忙於追求、拚搏的時候，這種在平凡中渲染的人生底色所孕育的寧靜與溫馨，對於風雨兼程的我們，是一個平安的避風港。

知足常樂，安貧樂道

「人生在世，名利而已。」這恐怕是當今社會不少人的人生觀。他們窮其一生爭名逐利，如果整日想著如何才能爭得更大的名、贏得更多的利，這只會無端生出無限的煩惱，如何還樂得起來呢？倒是那些安貧樂道的人，雖居陋室之中，仍笑曰「何陋之有」的人們，活得自在而瀟灑。

無論是在生活中，還是在職場中。如果我們對任何東西都不滿足時，就會感到內心有一種煩惱和痛苦。我們要以「比上不足，比下有餘」的心態去看待生活。只有這樣，才會快樂與幸福。

如果自己沒有能力和條件過上富裕的生活，卻偏要去追求富裕和奢侈的生活的時候，這只會自尋煩惱，總懷疑春色在人家，卻沒有意識到自己平凡的生活，也會有著意想不到的幸福和快樂。

古人云：「春有百花秋有月，夏有涼風冬有雪，若無閒事掛心頭，便是人間好時節。」自然和生命給予我們的其實已經很多，足夠我們走完生命的歷程，我們所要做的便是知足，對生活充滿感激之情。一個不滿足的人即使是百萬富翁，也只能是一個精神上的乞丐，而一個知足常樂的人，即使粗茶淡飯，也是一個精神上的富有者。

人的欲望是無窮盡的，人們對生活是永遠不滿足的，適度的欲望會促使人們不停地拼搏和奮鬥，而過分的貪欲則往往會變成一種負擔，如果一味地陷於其中，便會錯過許多人生樂趣。而欲望少了，便能細細品味出人生的幸福，知足之「樂」，是無法用名利換來的。清末名臣林則徐有一副對聯便是：有容乃大，無欲則剛。這副對聯所反映出的，就是一種淡泊名利、知足常樂的精神。

知足常樂，是一種人性的本真，在孩童時代，我們會為擁有了自己夢想得到的東西而喜上眉梢，笑顏逐開，烙下一串串深刻的記憶，今日重溫，也許還會忍俊不禁，無論行至何方，所處何位，知足常樂永遠都是情真意切的延續。

知足常樂不是安於現狀的驕傲自滿的追求態度，而是一種看待事物發展的心情。《大學》曰：「止於至善」，就是說人應該懂得如何努力達到最理想的境地，和懂得自己該處於什麼位置是最好的。

一個人有著什麼樣的心態，對這個世界就會有什麼樣的認識和感慨。世間瞬息萬變，世事難料，人活著就得去適應生存的環境。在適應的過程中，有一點很重要，那就是要保持一顆平和的心，要學會隨著環境的變化，調整好自己的心態，用一顆坦然的心態面對這個世界，沒有必要過分羨慕他人的生活。每個人都有自己獨特的生活方式，每個人都是獨一無二的，有別人無法擁有的獨特之處。你在羨慕他人的同時，你很可能也是別人羨慕的對象。不屬於你的，你永遠都得不到；屬於你的，終究會被你所擁有。

很多事情我們總是在經歷之後，才會懂得它的彌足珍貴，最主要是我們遺落了那一份擁有時的心曠神怡。現代人匆匆的腳步已定格為一種時代的風景，競爭與挑戰接踵而至，在前進的道路上，如果我們都能知足常樂，樂由心生，對待困難的工作，就會如陽光般朗朗映照。

知足常樂，你才會幸福！

智慧品人生

人的一生，不如意事常有，關鍵要看你如何對待。正所謂「人比人，氣死人」，人與人之間實在沒有多大的可比性。有的人官運亨通、財源滾滾，諸多好事得來全不費工夫。輪到自己就不同了，千辛萬苦，百般努力，可還是可望而不可即。每當此時怎麼辦？怨天尤人？沒用；抱怨命運不公？也無濟於事；潑婦罵街？也只能是丟人現眼。最好的辦法，就是把功名利祿看得淡一點，認真工作，做一個樂觀向上之人。

6．利用「放棄」的力量，在工作中取得勝利

古人云：塞翁失馬，焉知非福。選擇是量力而行的睿智和遠見，放棄是顧全大局的果斷和膽識，人生如戲，每個人都是自己生命唯一的導演，只有學會選擇和放棄的人才能徹悟人生，笑看人生，擁有海闊天空的人生境界。

——《66條職場軍規》

放棄也是一種選擇

人的一生總是習慣選擇成功、選擇占有，沒有人甘心選擇失敗、選擇放下。其實人生可以有很多種選擇，放棄也是其中的選擇之一。

面對一道難解的幾何證明題時，你必須學會放棄原來錯誤的思路，試著重新理出思路進行證明；走在人生的十字路口，你必須學會放棄不適合自己的道路，走適合你自己的路；面對失敗，你必須學會放棄懦弱，拿出勇敢；面對成功，你必須學會放棄驕傲，謙虛低調；面對公共利益，你必須學會放棄私欲，堅決維護；面對老弱病殘，你必須學

會放棄冷漠，實施救助……

我們只有在困境中放棄沉重的負擔，才會擁有必勝的信念。放棄我們必須放棄的、應該放棄的，我們才可能更多的擁有。因為只有虛懷若谷，才可能呼風喚雨，吞雲吐霧；只有浩瀚如海，才可能不擇江河，千古風流。因此，在這個意義上說，學會放棄，就是在學會擁有。

富與貴誰不想擁有呢，如果不以其道得之，那麼也許將永遠無法擁有。而能夠擁有的富與貴的一條捷徑，就是學會放棄。人好像是一輛汽車，所能承載的重量也是有限的。如果超出承載的重量，就要把所超之物放棄，否則只能是被不堪承受之重壓垮，到頭來什麼也不會屬於自己。「放棄」也可能是促成成功的一種必不可少的力量。

在職場生存，有太多不如意讓我們感到心力交瘁，放棄是一種選擇、是一門學問、是一種智慧，更是一種力量……只有學會了放棄，才會擁有更多。為了美好的明天，我們要開始學會放棄。放棄不是在困境中逃避的一種藉口，也絕不是我們在事業上為了推卸責任的一種托詞。魚與熊掌不能兼得時，為了獲得更大的收穫，一定要學會適當放棄那些不必要的東西。

學會正確地放棄

在放棄中，我們依然要將風雨擔在肩頭，不讓正義從身邊溜走。放棄心中的塊壘，絕不是放棄我們爭勝的氣魄；放棄身上的冗物，絕不是放棄我們戰鬥的利刃。金錢、名譽、地位，決不繫在腰間，祖國、事業、未來，時刻放進心中。所以，學會放棄，只能成為我們避免失敗的手段，絕不會變成懼怕失敗預設的退路。學會正確地放棄，就不會在是否選擇放棄的猶豫中迷失自己。

有時候，放棄不僅僅需要勇氣，更需要一種智慧。時代不同了，放棄的方法，放棄的內容也變得不盡相同。面對新的事物，需要我們在事業和生活中好好學習，好好把握。天上不會掉餡餅，而地上卻到處都有需要我們繞過去的坎坷。放棄絕不是一道簡單的減法題。我們首當其衝要學會的，也許就是放棄自己仍然抱定的舊的思維模式。誰先放棄舊的定式，誰就可能贏得新的勝利，創造歷史。放棄該放棄的東西，才會向勝利一步步邁進。

一個老和尚和一個小沙彌一起外出雲遊，走到一河邊，沒有橋，只能淌過去。河邊一美貌女子恰巧也要過河，請求老和尚幫助。老和尚沒說什麼，就順便把女子背過河。過了河，與女子分別後，兩和尚繼續趕路。過了很久，小沙彌終於忍不住了，問老和尚：「師傅，佛祖說出家人不近女色，你怎麼竟然背女人過河？」老和尚笑了笑說：「我早就放下了，你還一直背著嗎？」

其實，小沙彌雖然行動上放下了女色，但心中卻不曾放下。而生活中真正的放棄不僅僅需要行動，更需要一種量力而行的睿智。人為血肉之軀，精力有限，時間有限，應該學會理智的取捨。取其要者而為之，不要者而捨之，不為瑣事勞心傷神。

放棄工作中那些永遠都不可能實現的幻想，放棄盲目擴張的欲望，放棄那些我們不想擁有的和那些對自己毫無意義的，甚至有害的東西，放棄一切該放棄的東西，瞄準自己的大目標，全力以赴，努力拚搏，才會成就一番大事業。

學會放棄吧！放棄並不完全代表著失敗和氣餒，務實的放棄是為了更少地失去。有時，選擇了放棄，也便選擇了成功和獲得。

智慧品人生

有的時候，我們經常會只看到眼前的比較直接的「小利益」，殊不知放棄這些「小利益」，還有更多更大的利益等著我們去擁有。無論是在生活中，還是在職場中，只有把眼光放長遠一些，才能發現更多比較隱蔽的「大利益」。明智的人總會在放棄微小利益的同時，獲得更多的利益。人生有很多東西要學習，首先應該學會如何放棄，放棄不是要我們停滯不前，而是走向成功之路的另一種選擇。正確地放棄不但不會鑄成大錯，還會讓我們擁有更加美好的明天。

第六章 自主創業，輸贏自定——愈放下愈成功

「創業」與「放下」有什麼關聯性？我們可以說，「創業」源於「放下」。

「放下」什麼呢？要放下身段，做老闆不是做主管，過去的呼風喚雨都要換成輕聲細語；要放下偷懶，做老闆不是做員工，過去的混水摸魚都要換成親力親為；最重要的是，要放下顧慮，做老闆不能怕失敗，過去的空口白話都要當機立斷採取行動，因為放下的同時，你已獲得重新開始的機會。

1．最糟，也不過從頭再來

不斷探究是成功之母，從頭再來是成功之父。

——愛迪生

讓我們從零開始

「失敗是成功之母」早已成為人們生活中的座右銘。而「從頭再來是成功之父」，既包含了「失敗是成功之母」的意思，又具有不怕挫折、奮發向上的積極態度！人生的精彩在於積極的態度，人生的可貴在於永不言敗。我們要用積極的態度處理一些消極的事情，不懼怕失敗。

一九九六年，于娟「下崗」了，當時她是原西南工具總廠游標卡尺裝尺工，可如今的于娟，是貴陽市的名人。她有很多「頭銜」：國務院授予的「全國青年興業領頭人」，省「十大下崗創業明星」，省個協、私協美容美髮委員會副會長。可是，提起于娟五年的創業歷程，她自己都說，在開美容院之前，她是一個不成功的「商人」。西南工具總廠進入困難時期，于娟與丈夫一起離開職場等待工作，兩人的收入已不能支撐家庭開支。看著上學的女兒，多病的母親，正上大學的妹妹，于娟與丈夫商量後決定，自己去做生意，丈夫則繼續待工。

下崗後，于娟像很多離職的人一樣，首先想到的就是擺地攤，批發小百貨來賣。每天，她蹲在路邊，守著小攤，眼巴巴地盼著有人光顧。就這樣看著來來往往的人群守了一個月，連便當都捨不得買，可到最後算賬時，竟還虧了幾十元。小百貨不好賣，就賣別的吧。于娟從家裡擠出一百二十元，從水果批發市場批發了櫻桃來賣。可這回，櫻桃一顆顆爛在家裡，緊趕著處理，還是虧了五十元。賣用的、吃的都賠錢，于娟又改賣穿的。東挪西借後，她去進了一批皮鞋，每天她把幾大捆鞋裝在蛇皮口袋裡，用自行車馱著，四處叫賣。

一個秋雨連綿的傍晚，于娟去賣鞋，艱難地在凹凸不平泥漿四濺的路上騎行。這時蛇皮袋絞入後車輪，她連人帶車栽倒在爛泥中，幾次想爬都爬不起來。正好一個釣魚的老人路過，將她拉了起來，還幫她把散落滿地的皮鞋撿攏來。就這樣，皮鞋生意也半途而廢了。家裡也沒有錢讓她再去「折騰」，經朋友介紹，她到雅芳公司當了化妝品推銷員。由於長期的風吹日曬，東奔西跑，于娟患上了嚴重的胃病和美尼爾氏綜合症，臉部皮膚粗糙，還有大塊的黃褐斑。以這樣的形象去推銷化妝品，就有顧客公開奚落她：「看看你自己的樣子，居然也來做化妝品推銷。」于娟沒有氣餒，她覺得很多人下崗後不再創業是因為不肯放下身段，這對於她來說不算什麼，生活嘛，誰還不得過幾道坎，她一定能做好。於是，于娟每天穿梭於大街小巷，四處推銷，終於使自己的生意有了轉機。顧客的奚落一直是她胸口的痛，但也讓她看到商機——美容業。于娟放棄了已能養家糊口的推銷工作，到一家美容院當起一個月只有一百五十元工資的「學徒」。

在美容院打工三個月，是于娟學習的三個月，她全部的工資都變成了相關書籍，加上師姐的指點，她的技藝突飛猛進。三個月時間，這家美容院已不能滿足她的求知欲，在丈夫的支持下，她變賣了家中唯一的電器——電視機和部分傢俱，來到貴陽一家專業美容美髮培訓中心學習，拿到了高級美容師證書。學成後，于娟借了一萬元，租了一間十二平方公尺的門面，開了只有兩張美容床的「娟娟美容院」。

有了自己的目標，有了自己的天空，于娟更加努力，摸索出一套屬於自己的洗臉按摩手法，更在化妝、紋眉上有了很大的提高。從此，于娟的生活步入坦途，生意越做越大。現在，于娟的美容院更名為美容美髮形象中心，有兩百四十平方公尺，上下兩層樓，有員工十餘人，美容床二十一張，有自己的美容美髮培訓學校。于娟成功了，回憶自己的創業歷程，她說道：「想想這一生那麼艱難的路都走過來了，還有什麼好害怕的，最糟，也不過重新再來嘛！沒什麼大不了的。」

我們應該像于娟一樣，不管遇到什麼，都要有信心去面對。其實做任何事情都會遇到一定的困難，困境和挫折有時候不一定是壞事，它反而會讓我們的腦子更加清醒，思想更深刻。

人生的路從來不會是一帆風順的。別人的路不是自己的路，只有自己去走了，才會有了自己的路。面對一些坎坷時不要退縮，不要氣餒，一次不行，我們可以兩次，兩次不行也不要灰心，要記得，大不了，我們從頭再來，從零開始。

人生豪邁，不過從頭再來

人的一生是一個漫長的路程，不要因為成功或失敗而放棄從頭再來的勇氣。殊不知，一花的凋零荒蕪不了整個春天，殊不知，一次的成功也成就不了整個人生。朋友，寵辱不驚，笑看雲淡風輕是生活對我們的要求，從頭再來，正確面對人生，是我們對自己的渴求。朋友，既然我們人生的征程已經開始了，不要放棄，從頭再來將帶你踏上成功的旅程！

我們都見過一種叫做「不倒翁」的玩具，「不倒翁」的重心在下面，所以無論你怎麼推它，按它，只要一鬆手，它立刻又會直立起來，因此，它永遠都不會趴下。人生正是這樣，由於不斷地經受磨難，人才能變得更堅強。你從失敗中學到的東西，遠比你從成功的經驗中學到的東西要多得多。

沒有人喜歡失敗。因為，失敗大多是一些令人痛苦的經驗，甚至是讓你的人生受到重創的體驗。然而，一生順利且從未嘗過失敗滋味的人，是不存在的。不管你有多偉大，有多麼的不同凡響，只要你是一個人，只要你是一步一步地走著你的人生之路，那麼你就或多或少地經歷過失敗，只不過是輕重程度不同而已。

當然，你也可以不承認這一點，你完全可以說自己從未失敗過，因為你的人生之路非常順暢，你從未遭受過任何打擊與一點點的失敗。那麼可以說，你的人生也許毫無意義，你所謂的成功也是一種虛幻，因為，沒有經歷過失敗的人生是枯燥的，是缺乏真實意義的，甚至說是不可能存在的。

其實，失敗並不可怕，真正可怕的，是不承認自己有過失敗的經歷。因為在人生旅途上，失敗是正常的，不失敗才是不正常的，重要的是你面對失敗的態度是什麼，是否能夠反敗為勝。如果你因為一時的失敗便一蹶不振，那麼，不是失敗打垮了你，而是你那顆失敗的心把你自己打倒了。所以我們要豪邁地從頭再來，戰勝失敗。

我們要有勇氣去面對挫折，有了勇氣，才能排除萬難，一往無前。從頭再來，因為肩上有責任、眾人有期盼，可以愈挫愈勇，屢敗屢戰；因為總結了經驗，吸取了教訓，可以重整旗鼓，好好努力大幹一場。

智慧品人生

讓我們從頭再來吧，從哪裡跌倒，就從哪裡站起來。相信自己就一定能夠做好。不要去在意別人的看法，因為自己才是最瞭解自己的人。這樣想的話，下次就一定成功！沒什麼可抱怨的，沒什麼可遺憾的，沒什麼可喪氣的。因為一切都不晚！要輸得起，要放得下！看成敗，人生豪邁，只不過是從頭再來。黑暗過去了，黎明就會在我們的身邊，人生的冬天已經過去了，春天也就到來了。

2・放下面子，堅持到底

走自己的路，讓別人說去吧！

——但丁《神曲》

創業需要放下面子

張明一直想當大老闆，可是，父母沒有給他留下基業，而且他也沒有啟動資金和投資項目，所以只能在夢中過過老闆癮。有位朋友很瞭解他的性格，勸他從小本經營開始，哪怕去擺地攤。可張明放不下面子，始終沒有走上街頭。

那天，張明在大街上閒逛，突然看到一個開著一輛嶄新的高級轎車朋友，張明呆了。朋友跟張明的家庭背景差不多，他是怎麼發財的？朋友看到張明，把車停下，穿著一身名牌服裝走到張明面前。張明紅著臉和他握手，吞吞吐吐地問他，這幾年你做什麼生意？朋友說他在南非擺地攤。張明不信。朋友答道：「過一陣兒，你和我去南非，體驗一下擺地攤的生活。」

過了一段時間，朋友處理完國內的一些事務，幫張明辦了一張三個月期限的簽證，帶著張明去了約翰尼斯堡。

到了南非，張明發現，在約翰尼斯堡繁華的街頭路尾、車站周圍、商貿社區都有擺地攤的中國人，他們表情自然，向來往的人推銷著各種小商品，全然沒有那種羞於見人的樣子。

張明的朋友擺好了地攤，小商品賣了一件又一件，一天下來收入的蘭特（南非貨幣）折合人民幣兩千多元。他告訴張明，在南非擺地攤，一個月完全可以收入幾萬人民幣。所以，他們這些地攤主從不覺得自己丟面子。以前，有幾個中國朋友初來南非時，因為放不下面子，結果，半年簽證到期，連回國的路費也沒有掙到手。

面子是阻礙創業的絆腳石，放下面子，等於打開了一扇謀生的大門。在現實中，總有一些人為了面子奔波一生，最後留給自己的還是煩惱一堆。其實，他們輸的不是他們的個人能力，也不是他們的處世技巧，而是這個不名一錢的薄薄的臉面。其實，只要換一個角度，人生和事業就可能是另一番景象。

放下面子，失業者成修腳明星

「三百六十行、行行出狀元」用在大陸西安市民劉尊眾身上是最適合不過了，他花了八年時間，在修腳行業成功創業的經歷，是這句話最好的印證。

一九九八年，在家人的百般阻撓下，劉尊眾毅然決定主動下崗。他說：「沒品質的生活要到什麼時候，我要自謀出路。」離開工廠後，劉尊眾還很茫然，在不知道幹啥時，看到一則政府為下崗職工開設培訓班的消息，於是，他報了一個「腳病修治」培訓班，認為有腳就有病，只要掌握了修治腳病技術，肯定能賺錢。有著大專學歷的劉尊眾選擇了修腳行業，是家人朋友都無法理解的，他們頻頻向他潑冷水。父親對他主動下崗一事傷透了心，罵他丟先人臉！可是劉尊眾卻想，就是因為這個行當被人看不起，才要學好。在進入「腳病修治」培訓班後，因為生活拮据，他在班裡只吃饅頭和鹹菜。練刀功時，別人用一把一塊五毛的全新木筷來練習，他用的是從各餐館撿來的用過的木筷。

通過苦學，他成為培訓班中修腳手藝最好的學生。

刻苦的學習讓他學到了手藝也贏得了老師的尊重。後來，老師給他指點迷津：「你是一個很有理想的人，不知道你有沒有注意到，現在修腳的不懂中醫，而學醫的沒人願意幹這行。你不妨把修腳和治療結合，開一個腳病修治中心，絕對是一個有潛力的行業。」

一九九九年，劉尊眾靠著兩百八十元，從一個七平方公尺小店起步，中醫和修腳的結合讓他做成了「獨門生意」。才三個月就已門庭若市，於是再租大門面……經過八年的發展，二〇〇七年他創建的瑞德腳病修治所已經有八家連鎖店和一所再就業技能培訓中心。但是，對劉尊眾來說，最大的收穫不僅僅是財富，而是他糾正了人們對修腳行業的偏見。憑藉著精湛的修腳技術，劉尊眾不僅贏得了社會的尊重，同時也勇敢地打破了那種傳統的就業觀念，他在拚搏中實現了自己的人生價值。

「放下面子，堅持到底！」是劉尊眾創業的訣竅。他說：「為什麼現在那麼多下崗職工改變不了自己的現狀，關鍵是沒有找準自己的創業方向，不知道自己適合幹什麼。一些人借了錢跟著人家炒股、開飯店，自身素質又不夠，十有八九是要失敗的。做人和做事要眼光向下，腳踏實地才能成功。」「我最大的體會是，下崗後，不要放大挫折和苦難。」劉尊眾稱，越感到自己可憐、無助，就越難越過離職這面牆兒。一定要正視困難，掌握一個適合自己的一技之長，再次走向社會。要通過及時地「充電」，彌補知識和技能的不足。要找一個投資少、見效快，適合在市場上立足的創業項目。一旦認準了自己的目標，就要咬緊牙關，努力克服一切困難，堅持下去，堅持就是勝利。對於社會偏見和風言風語不要理會，持之以恆，就能獲得成功。

創業的征途中難免會碰到一些難以拒絕的「面子」問題，「面子」問題的困惑有時成了正確決策的攔路虎。只有吃盡苦中苦，方可成為人上人。為了今後能夠成就更好的事業，放下面子；為了我們的理想而放下，放下面子，也會得到很多。「餡餅」不會從天上掉下來，一個人的面子也是這樣。拋開面子，堅持到底，成功就會帶來最大的「面子」。

智慧品人生

曾有人說過：「人的臉皮只有四塊，額頭一塊，左臉一塊，右臉一塊，下巴一塊，如果你每天早上起來都能撕下自己的四塊臉皮放在腳底上踩踩，那麼你就能拋開面子，輕鬆做人。」同樣，如果一個人想要成功地創業，而你又把面子看得很重的話，那麼成功只會離你越來越遠！放下面子，堅持到底，成功一定屬於你！

3・創業的平衡之道——放下

伏爾泰說：「使人疲憊的不是遠方的高山，而是鞋裡的一粒沙子。」在人生的道路上，我們必須學會隨時倒出「鞋裡」的那粒「沙子」。這小小的「沙粒」就是需要我們放棄的東西。什麼也不放棄的人，往往會失去更珍貴的東西。

用平衡的心來放下

人的一生就像是在走路，途中會遇到很多岔路口，每到一個路口都面臨一次選擇，而每次選擇無不影響著未來。每一個人都會遇到這樣那樣的困難和挫折，是捨？是得？是放棄？是堅持？充滿了辯證法。生活對人生最大的考驗不僅有「得」，也有「失」，

「失」即放棄。哪些需要放棄，哪些永不放棄？需要的不僅僅是智慧，同時也需要勇氣。

俗話說：「聰明的人敢於放棄，高明的人樂於放棄，精明的人善於放棄。」放棄不僅是一門學問，也是一種藝術，只有懂得放棄的人才會擁有得更多。快樂的人放棄痛苦，高尚的人放棄庸俗，純潔的人放棄汙濁，善良的人放棄邪惡。

有一則廣告詞是這樣寫的：「捨清溪之幽，得江海之博」。雖然經歷風雨，未必能見到彩虹；但不經歷風雨，根本就沒有見到彩虹的可能性。這就是人生的真諦。

一次，王濤和幾位朋友聚會，談到了自己用了整整一周悟出了五個字：持續性、執行。而另一位朋友卻提出了他這麼多年的總結，就兩個字：平衡。

朋友說，平衡這兩個字包含得太多，就從感觸最深的著手，那就是放下。大多數創業者都說沒有機會，其實機會很有可能就在你的身邊，在十多年前，當我們一不小心受傷的時候，只有用雲南白藥，而有些人的想法卻是如果有一種能夠把雲南白藥一下就貼上的東西就好了，幾年後，雲南白藥創膏貼便誕生了，其實，機會永遠都存在，關鍵是看你有沒有把握住機會的眼光，為什麼蘋果不只是砸到一個人的腦袋上，但只有牛頓發現了萬有引力呢？

如果想真正獲得機會，首先要有充分的準備，這個準備說簡單點就是積累，這就是人們經常給想創業的朋友說的先沉澱三年，先打工，不要盲目地去創業，基礎不牢，一切只是空中樓閣；這也是為什麼中國大陸企業的平均壽命不會超過五年的原因所在，並不是失敗那天才發生的現金流枯竭，或是高層流失，而是在創業之初便埋下了隱患。

凡是有大成就的人，往往是能夠放下的，因為在放下的同時，你才能真正爭取到了機會。如果萬科當年不放下萬佳、國企等贏利中的企業，專注於地產，今天也不可能成為中國地產的領頭羊；諾基亞最初也是一個無所不做的綜合性企業，但真正成就它的是它的專注。這是一個很簡單的道理，但是不經歷歲月的磨煉，可能永遠都不會懂得，這也是為什麼失敗的案例那麼多，但這類事情還是重複發生的原因。任何人在同一時間不可能有精力把每一件事都做好，所以一時專一事，事事求精益，我們做的所有事都要圍繞那一個核心點去做，而無關緊要的，即使是再賺錢也要懂得去放下，在放下的同時，你會發覺什麼才是屬於你的，你真正想要的。

用平凡的心做不平凡的事業，用平和的心想不平和的事情，用平衡的心看不平衡的世界，生命之所以精彩是因為我們用平衡的心去放下。只有放下，你才能得到你想要的。

把握平衡，適時放下

在萬科董事長王石看來，能有所放下才能有所堅持。在王石幾十年的人生經歷中，最讓他記憶猶新的也始終是那三次人生中的放下。

一九八三年，王石人生的第一次放下。那一年，王石三十三歲，他當過兵，也做過工人，同時在政府機關工作了三年，有閱歷，有信心。那時的他深信《紅與黑》裡於連不甘平庸的勇氣和奮力拚搏的野心。

有時，捨與得只隔著一條細細的線。

一九八三年五月七日，王石坐火車來到深圳，他丟下了過去，準備開始一番全新的事業。

到深圳沒多久，王石就想到一位老同學，因為他非常賞識這位老同學的能力和才智，所以就想拉他來深圳一起創一番事業。可是，因為種種現實無法捨棄的原因，這位老同學沒能來。事隔多年之後，老同學來深圳找王石，問能不能來深圳跟著幹事業。王石對老同學說，如果他來，一切要從頭做起。此時的老同學已經是大設計院的主任了，又怎麼可能還有心力從頭做起呢？

王石的事業越做越大，用他的話說，「一直粗放式地賺著錢」。一九八八年，王石做出了人生的第二次放下——在推動完成了當時還名為深圳現代科教儀器展銷中心（即萬科前身）的萬科進行股份制改革後，放棄自己的個人股份！

在一九八八年十二月二十八日，萬科已經開始公開發行自己的股票。按照國家的規定，四萬一千萬股的股份中，萬科職工應得的股票為五百萬股左右，而這部分股票中有10％允許歸到個人名下。

王石說：「現在，仍然有很多人會問起我當初的決定。我始終要說的是，我從來沒有認為自己做錯了。我承認，來深圳創業最初的動機的確是為了淘金。但是，有一天，當我突然需要面對巨大的財富時，我還真有些不知所措，也沒有安全感，而且中國的社會價值取向是『不患寡，患不均』。錢太多，弄不好會招來禍害。名利之間只能選擇一項，或者默默地賺錢，或者兩袖清風地做一番事業，我選擇後者。」

中國地產界的同行馮侖評價道：「在中國，得利很危險，若是不甘寂寞，那就得取名捨利。回過頭來看，王石的確如此：他不是個有錢人，社會上沒人說他很有錢；他不是個符號，富豪榜上從來沒有他；但是好人好事的榜上有他，這麼著，他在中國社會就容易生存。如果他是個富豪，同時又愛張揚，那萬科就會有問題，肯定活不到現在。」

一九九三年五月二十八日，萬科開始發行B股，緊接著的六月，中國的宏觀調控隨之展開。

王石說：「那時，萬科不做其他項目，而專注於房地產，是下了狠心的！可以說，這是我人生中面對的第三次放下。因為當時國家進行了宏觀調控，房地產市場的大環境極端不好，而你還要放棄其他可能帶來大利潤的專案，這需要很大的魄力。可以說，專攻房地產項目成為一九九三年萬科的戰略決定！」

隨著王石的放下，萬科的地產項目也如雨後春筍般冒出來。

王石創業的成功，與放下有著不可分割的關係。萬科之所以能越做越大，最關鍵的就是在不確定的搖擺中尋找平衡，一切都是在機會主義中進行取捨，一切都是在無序中尋找有序。想創業，就要學會放下，找到適合自己的平衡點。

智慧品人生

所有的事情，所有的東西，都講究平衡，一旦失去平衡，就會出現一些問題。創業成功的最大要求就是要在現實生存和長遠戰略之間尋求平衡，又要在堅持和放棄之間打破平衡，也就是動態的平衡能力，平衡是一門很大的學問，把握好平衡，才能成就人生偉業。

4．放下空想，用行動說話

一千個虛幻輝煌的未來抵不過一個勤奮踏實的現實。

——袁楊夢秋

成功不是空想，請立刻行動

社會經濟的不斷發展，帶動了產業的發展，也影響著市場的不斷擴大和多元化。某一企業的老闆為了一個無聊的念頭而走進商界，歷經多年努力，成為行業的翹楚。如果說他是運氣比較好，那麼他的膽量更讓人佩服。如今，想創業的人越來越多，雖然他們的想法非常好，也很有理想。但是，其中一大部分人雖然談及創業思想，可到最後還是在動腦筋思考，就是說還只是一個想法而已。有些人一直在觀摩，卻沒有行動。

著名作家馬克・吐溫的長篇小說《鍍金時代》裡，寫了一個名叫塞勒斯的上校。這位先生在美國一片發財的狂熱中，能夠興高采烈地大談「空氣中抓一把就是錢」，但他本人卻空想了一生，也沒有發財。他待客時，他的餐桌上只有一盤生蘿蔔，壁爐裡也生不起火，只點一支蠟燭在裡面裝裝門面而已。

現實生活中，像塞勒斯這樣的人大有人在。這種人大多只會空想，只說不做，因而錯過了許多很好的創意，沒能真正身體力行，致使永遠也無收穫。

拿破崙・希爾說過：「成功的秘訣是行動，立刻去做！」這話已被眾多創業成功者的經歷所證實。美國著名企業家奧格・曼迪諾早年由於自己的無知和過錯，失去了家庭和工作，隻身一人四處漂泊，尋找生活的出路。

後來，他從拿破崙・希爾那裡得到了啟示，於是重新振作，從零做起。經過十五年的奮鬥，他從一個無家可歸的流浪漢，白手起家為兩家企業的總裁和知名商業雜誌——《成功》的主編。除此以外，他還寫了六本書，其中《世界上最偉大的推銷員》成為推銷界最為暢銷的圖書之一，並被譯成十四種文字，發行三百萬冊。

想創業，想成功不是空想，請立刻行動！只要腳踏實地，從現在做起，相信你的未來並不是夢。

相信很多人都知道揚州三位大學生創業賣燒餅的事。三位大學生大學畢業後，因為專業好，他們在企業工作的月工資頗高，也算是「白領」了，可他們心裡總想趁著年輕的時候，多學些本領，獨立做些事情。當他們得知名列泰州十大旅遊美食榜首的黃橋燒餅有廣闊的市場前景時，三人便合計在揚州開了家投資和經營風險都比較小的燒餅店。憑藉著他們的努力，小店開張後，前來購買燒餅的人越來越多，燒餅店的名氣也越來越大，幾經發展，如今燒餅店的規模越來越大，在揚州已發展了幾家連鎖店。

如今，很多人感到求職難，其實有時候出路就在腳下。心有多大，天地就有多大。它需要的僅僅是務實，從一點一滴做起，去開拓展示自己才智與價值的天地。

一張地圖，無論它多麼的精確，它永遠不會帶著它的主人在地面上移動半步；一個問題，無論是難或易，它永遠不會在你的不斷思考中有實質性突破；一個機會，它永遠不會在單一的計畫中讓你獲得真正的成功。一個偉人曾說，行動在前方，思考在路上。他宣導的就是先做，然後邊做邊「改正」。他說，只有行動才能使一切都具有現實意義，喜歡說大話而不行動的人，總是與成功無緣。

有很多人都胸懷創業的理想，也有很多人信誓旦旦表示要自己開公司或開一家店鋪。他們的想法雖然很多，但總是不見其行動，他們不是武斷地認為某件事根本不可能有結果，就是說行動的時機還沒有來臨，總之，他們為自己創業的拖延找到了千百種藉口。只想不做的人，必定與成功擦肩而過。

當你認為一件事情值得去做時，就立刻行動，不要拖延，最後你就會發現你確實能夠做到。因為沒有行動一切都是空談，拖延才是讓你停步不前的根本原因。行動是成功創業的靈魂，沒有它，一切都是虛幻，成功的人生需要用行動來導航！

創業就不能做「行動的矮子」

現實生活中，「行動的矮子」隨處可見。究其原因，並不是事情本來有多難，阻礙人們行動的往往是心理上的天塹和思想中的山峰。國外有一個諺語「人類一思考，上帝就發笑」，就說明了行動的偉大意義。如果你認為這個事情值得做，就立刻行動，不要拖延，結果你會發現自己確實能夠做到，做好。因為如果沒有了行動，一切都是空談，猶豫、觀望、盤算都只能成為羈絆你停滯不前的「枷鎖」。

有位胸懷遠大理想的少年隻身離家，想要去外面闖出一番屬於自己的事業。臨行前，父親把他叫到跟前，只說了句：「不要只說不做。」出去後，他才發現原來自己設定的目標是如此難以實現，經過幾次的打擊之後，他退卻了，覺得自己幾乎是一無是處。正當他想放棄之時，父親期待的目光又　次浮現在眼前。細細想來，發現自己原來整天都只是在空想，根本沒有付出實際行動。從此，少年開始奉行「少說多做」的處世原則，用行動來詮釋既定目標，最後終於實現了理想，成為萬人矚目的大富豪。

很多人之所以陷入困境，就是因為設定了一個遠大的目標，卻很少關心如何實現這一目標，用「說」代替了「做」。創業時，面對問題的關鍵不在於你說了什麼，而在於你真正做了什麼！

如果想要成功，單單設定和分解目標是遠遠不夠的，即使你具備了知識、技巧、能力、良好的態度與成功的方法，懂得比任何人都多，如果你不採取行動，一切美好的願望也都只是虛無縹緲、可望而不可即的海市蜃樓，你還是很難獲得成功。

比爾．蓋茲說：「想做的事情，立刻去做！」當「立刻去做」從我們的潛意識中浮現時，我們應毫不遲疑地立刻付諸行動。縱觀世界，每一個成功創業的人都不會是「語言的巨人，行動的矮子」，他們一般都是行動家，不是空想家；每一個賺大錢的人都是實戰派，絕非理論派。

智慧品人生

沒有行動的方案和設想，它只是一個空談。沒有骨架就沒有支撐，創業是需要行動的。只有真正走進商界，從小或從自己擅長的部分開始做起，哪怕賺的錢很少，也能夠真正體會到做商人的感覺，真正用商人的頭腦去看待市場和環境。放下空想，用你的行動說話；放下空想，成功創業不是夢！

第七章
絢爛情感，淨化心靈——愈放下愈多姿

愛情不是一份永無止境的守候，也不是一份永無止境的遐想。當愛情的花朵盛開的時候，就緊緊抓住那方艷麗、輝煌，當愛情的花朵枯萎的時候，就要學習放棄、學習遺忘。

學會「放下」的藝術，在感情中受的痛苦才會成長，若你認為你是「放下」，那你只是放下愛情，若你認為你是「失去」，那你就是失去自己。學習掌握愛情的尺度，拋開悲傷的回憶，那麼逝去的愛情對你而言，是重生的開始！

1．放下舊觀念，找到真愛情

放下舊觀念，才能找到真愛情，我們愛的是活生生的人，不只是她的貞節。

——《放下舊觀念，才能找到真愛情》

愛她，不應該只愛她的貞節

性愛，只是愛情和婚姻中的一種表達方式，真正的愛情應該能接受和包容對方的優點、缺點。你愛她，但是因為她不是一個處女而不愛，如果有一天你終於碰到一個處女，卻對她毫無感覺，那麼，你是否要為了她是處女而選擇她？

每個人對愛情的理解不同，對愛情的期待也不同，真正的愛情是執迷的深情，包容和付出，而非苛求。人無完人，要享受愛情甜蜜，就要學會包容，包容對方的不足，原諒對方的過失。愛不是改造場，愛是接受而非苛求。

愛是一種感覺，茫茫人海中，唯她為你心動，由此可見愛情的唯我性，也可見，在那時，愛並非由性來主宰。可是為何單純的心動演變為相處和相守的時候，就現實得與貞節有關呢？難道，貞節是愛情的首要前提？失去了貞節的女子，從此必須放棄追求再愛和真愛的權利？浪子尚可回頭，更何況對感情的嚮往，人人皆有權利。

你的她在遇見你之前，並不知道未來會怎樣，她將會遇到哪些人，發生什麼事。她之所以付出了她的身心，是因為那時她以為他們是有結局的。誰知一切只是過眼雲煙，你才是她真正的白馬王子。人沒有未卜先知的本事，如果有，她一定會希望可以早點認識你，可是，我們人類真的沒有那個能力，誰會沒有過去呢？又是誰，判決了有故事、有過去的人不能追求幸福的未來？沒有。所以，男人，你憑什麼評斷別人的過去？這就是你愛的表現？難道，你敢言你從無過去？也許她對前男友動情，或許讓你略感失落，但那也表示她是一個負責任、認真的人。

現在的社會，婚前性行為或試婚也不鮮見，這是社會的一種趨勢使然。沒有人敢保證愛一次就愛出個未來，沒有人敢說有婚前性行為的女子就不清白，人的清白，要視其心。如果那只是她的過去，如果她是真心待你，如果在你們的愛情中，她不曾背叛，如果你愛她，如果她值得你愛和包容……那麼，去愛吧，愛情裡，本不該有雜質。

拋棄舊觀念，尋找真愛情

「男大當婚，女大當嫁」，自古然也。古代人婚嫁講究「門當戶對」，而隨著社會的發展，「門當戶對」的舊觀念仍然在男男女女的潛意識中，沒有被拋棄。

所謂門當戶對，就是朱門對朱門，寒門對寒門。最講究門當戶對的，應該是東晉時期。整部中國歷史，東晉時期的門第觀念最強。西晉時期，士族還得依附於皇權，而東晉居高位的士族，其權勢往往得以平行或超越於皇權之上。

古時候，富家小姐和窮小子相愛，但是因為「門不當戶不對」，只能私奔。現如今，男女婚姻自由，按理不應該再有這種事情發生，但是不僅不會有類似的情況發生，還會有一些匪夷所思的事情，比如相親，看家庭條件，看人品學歷，看父母的地位……一些本質的東西都已不復存在了。難道門當戶對真的很重要嗎？可是門當戶對的婚姻會不會幸福呢？

不知道是緣分的安排，還是上天的捉弄，一個大學本科生阿華，一個外來打工妹小穎，兩人因為共同的興趣和愛好，決定在一起。阿華的感情，使小穎拾起一個失落的夢境，描繪出一個嶄新的希望。他們分享今天，暢想未來，彼此都為這份感情投入了很多。

起初，他們都沒有工作，於是他們互相鼓勵，度過了人生中最低谷的一個階段。後來，小穎找了一份工作，阿華也建起了自己的網站。那個時候，他們住在對面，小穎上班之後，阿華怕她太累，回來一個人待在房間又太無聊，為了方便相互照顧，且可以減少開支，小穎搬到了阿華的房間，他們開始同居。

阿華不善於表達，但是，從他的言行舉止和對小穎的百般呵護中，小穎感到了他那真切的愛，是阿華的真情讓小穎忘記了自己身處他鄉異地。那段日子，小穎開心得像一個撿到了糖果的孩子，以為這就是她今生追求的幸福生活。

小穎小心翼翼地呵護著這份感情，他們兩人甚至相信有來生。後來，阿華遠在新加坡的父母知道了他們的交往，態度非常強硬地表示，決不接受這個事實，並要求他們馬上分手，理由是門不當戶不對，更介意小穎是外地人，既沒有好的工作，又沒有大學文憑，阿華的家人一致表示，小穎和阿華不是同一個層次的人，他們在一起是不會有幸福的。更糟糕的是，阿華的父親還為了這件事，高血壓病發作住進了醫院。這猶如晴天霹靂，使他們兩個都要崩潰了，最後，阿華終因受不了家人的威逼，提出要和小穎分手，小穎的心都碎了，最終兩人各自過著不幸福的生活。

一個未婚，一個未嫁，有什麼不可以，感情一定要用學歷和金錢來衡量嗎？門當戶對真的那麼重要嗎？「門當戶對」的老觀念，拆散了多少真心相愛的人，使他們抱恨終生而希望來世再相聚。問世間情為何物？對感情這個複雜的東西，沒有幾人能說得清、道得明，這只有相愛的兩個人用心去感受，去理智地看待門當戶對。

你如果出身寒門，愛上了朱門的他（她），你一定不希望對方嫌你出身寒微。子曰：「己所不欲，勿施於人！」那麼，假如你出身朱門，你就該為寒門愛上你的他（她）設身處地地想一想。而且，世界上也沒有永恆的富貴。今日的朱門，未必永遠是朱門，今日的寒門，也未必永遠是寒門。

智慧品人生

舊觀念是你的牢籠，束縛住你的思想。舊觀念是個套子，將你裝在套中。舊觀念是一把無情的刀，砍斷了無數棵正在生長著的愛情之苗。你要想獨具創造力，你想要自己的愛情，你要想自由，就得自己去打破它。一個有智慧的人，是一個敢於打破舊有觀念的人。

2・放下握不住的愛情

愛情就像流沙，你拚命地想抓住它，卻只能看著它從你的指縫慢慢地滑落！我們不能奢望握住愛情，只能試著去把握。手中的沙無論怎樣都不會一粒不灑，我們能做的就是在它灑得最慢的基礎上適時地補充它，只有這樣才是我們可以把握的愛情。但是如果這把沙子中石子太多，握不住的沙放下也罷。

——《沙揚娜拉，愛情》

放下手中握不住的「沙」

愛情就像手中的沙，你越想握住它，它就流得越快……在愛情生活中，活得太明白，會平添許多苦惱，活得糊里糊塗，一味地縱容又會帶來更多的傷害。

在愛情中，你所能做的就是把握自己現在手中的沙，不要去數它曾經流走過多少，不要在乎沙中的小石子是否曾經劃破過你的手。如果確定了這段愛情有很多值得你留戀的地方，那麼就必須忘記那些愛情中曾令你不開心的點點滴滴。

每個人都無法拒絕愛情的美好，但是愛情這個繽紛絢麗的萬花筒，帶給你的一切只是虛幻，當你深陷其中，你將會被牢牢地吸引，貪婪地一遍遍去感受它的美好。

所以，不要只因為他親吻了你，你就以為那是愛情，你就必須和他一輩子在一起。有時候所謂難以割捨的感情，事實上只是不甘心而已。

有一首歌是這樣唱的：「雖然愛是種責任，給要給得完整，有時愛美在無法永恆，愛有多銷魂，就有多傷人，你若勇敢愛了，就要勇敢分。」分手是勇氣與智慧的較量，當愛情降臨，張開雙臂去迎接；當愛情正在遠離，就痛快分手……過去不能再重演，現在的你只能向前看。

愛情來得快，去得也快。就好像是春天裡的一陣暖風，輕撫過你的柔面，引起你內心漣漪一片，隨後它就飄然逝去，了無聲息，任憑你呼喚也好，追尋也好，它不會有一絲一毫憐憫。那麼你該清醒地知道，當愛情已經遠離你的時候，不要有任何奢望！

掌心握不住的愛

「你的生命線很清晰、綿長，你是個長壽的傢伙。呵，感情線嘛，有幾個分叉，可能愛情路上會有些小波折，但前途是光明的，你會有個好歸宿。」和美美說這話的人，是熱烈地暗戀她的人，他藉故為美美看手相，而最終目的，只是為了能握住她的手。

後來的日子，他們似乎是在戀愛了。說是似乎，因為彼此的關係好像只是處於朦朧的好感階段，並沒有升溫到談情說愛的地步。他在一所很遠的北方高校讀書，而美美卻就讀於一所南方的高校。由於兩地間相距很遠，只有在放假時他們才可以見面，不過兩個人單獨相處的時間很少，多是一起出現在同學的聚會中。那時他們朋友圈裡的人，都知道他正追求美美。因為無論旁邊有多少人，他的眼睛，大部分時間總是只看著美美。

在他大二時，美美隨父母遷居到另一個城市生活。當美美把這個消息說給他聽時，他的眼神更憂鬱了。在美美說完要轉身走開時，他給了她一個措手不及。他在背後抱住美美，緊緊的，臉埋在她的長髮裡。那晚並沒有月光，那條路很僻靜。「你真像個新娘。」他說，「做我的新娘好嗎？」他呵著熱氣的嘴挨在美美耳邊呢喃著。美美的臉只是像一塊通紅的炭，緊貼著烙在他臉上。

後來的日子，像風。他繼續在校攻讀，美美開始了工作。在他們的書信往來中，除了熾熱的情話外，便是分離的憂傷。美美工作的單位，是別人眼裡的好單位。熱心的同事，開始為美美穿針引線。美美把這些寫在信裡當做笑話說與他聽，他只是說，如果有條件不錯的，去看看。愛情在女人的眼裡都是最揉不得沙子的，於是美美常常為他的回話而大發嬌嗔，並故意開始接觸那些對她有好感的男人。

他終於畢業了，回到原地方工作。他對美美說我們分手吧。那時的美美年輕美麗，心高氣傲，賭氣說：「好，分手。」

他們在不同的地方生活著，沒了音訊。美美在別人的追逐中老是心不在焉，她知道自己心裡在希冀著什麼。美美從一個老同學的嘴裡知道他要結婚的消息，這個消息促使她匆匆請了假，踏上找他的路途。對於美美的突然出現，他怔住了，然後是緊緊擁抱她，她伏在他胸前，耳畔聽到他狂亂的心跳聲，他是愛我的！那些傳聞是假的！美美幸福地想著。

可是她錯了，當她開口問到這件事時，他一下子鬆開了美美，痛苦的表情證明了這一切是真實的。「對不起，美美，我……我，真的愛你，可我們的未來很不現實，你不可能回我這裡，我也很難調到你那裡工作。這些現實天天都在煎熬我，我的痛苦和絕望，你知道嗎？她出現在我的生活中，她很愛我，對我很好，我是個男人，應該要對她負責，希望你能理解。我祝你以後能找個心愛的人，快樂地生活。」美美望著他不斷開合的嘴唇，茫然失措。

美美放手了，不得不放手，因為她的幸福不能建立在另一個女人的痛苦之上。第二天一早，美美便悄然逃離了這個有著他的氣息的地方。

也許，越是美好的東西，我們就越想擁有它。然而，造物主卻和我們開了個不大不小的玩笑：我們擁有了分辨一切的智慧，卻要在若干年之後，將所有的一切如數歸還。我們握不住任何東西，給愛情一個空間，給那個他（她）和自己一點空間，相信愛情就在身邊，就如我們永遠都握不住幸福和快樂一樣，在它來臨時，努力經營它，把它留在身邊，使它們永不退色……

愛的正面是全心全意，愛的反面是冷漠淡然。愛情之所以是美好的，是因為它是可以自由選擇的。在愛情裡沒有誰辜負誰，誰又有資格去指責誰呢？所以把握愛情的時候，只要曾經擁有，何必費心去想著天長地久呢？

3．把失去的愛當成贏利

> 當你不信任我時，其實是你在懷疑自己；當我想離開你時，其實是你不想繼續。愛情，不是單純讓對方屬於自己的過程。我們必須學會在這個過程中，發現自己。最好的結局，並不一定是相聚，分離也許是一種幸福。經歷過刻骨銘心的痛苦，對愛的徹悟，是上天賞賜的禮物。
>
> ——《愛情左岸》

失去——會讓你懂得更多

女孩與男孩自上高中就是同學，愛情像不經意間落下的牽牛花的種子，落在彼此的心上牽繞纏在一起。直到大學畢業，利用七年時間培育出的愛情，讓他們彼此相知。畢業之後，兩個人都辛勤地工作著，直到他們有了錢買下一套小房子，房子並不大，但是女孩還是感覺幸福，幻想著結婚以後，她在家裡曬著太陽幫老公熨衣服，幻想著將來老了以後要在陽臺上種滿花草，她還想著要養一隻會唱歌的鳥，就他們兩人，依偎在陽臺上，曬太陽、看花開、聽鳥唱。男孩嘲笑她，但那時的嘲笑是寵愛的表現。

美好的日子總是過得很快，直到她發現他跟另一個女孩走得很近，並且對結婚之事開始閃閃爍爍。她決定最後一次試探他，她對男孩說：「應該結婚了吧？」男孩只是扭過頭不經意地看著街頭的風景說：「再等等吧。」女孩只覺得「砰」的一聲，是什麼爆開了，無法收拾了吧？她沒有再多說一句。

那天晚上她整整哭了一夜，然後收拾起晶瑩的眼淚。清晨，她精心打扮了自己後約他在常去的街心花園見面。愛情曾經在這個地方蔓延，就讓它也在此結束吧。

女孩故意遲到了一小會兒，正當男孩等得不耐煩想要離開時，她盛裝而出，款款而至。男孩驚訝於眼前的美麗，笑著問女孩：「今天是什麼日子，這麼隆重？」女孩淡淡一笑，平靜地說：「今天，是我們分手的日子。」然後伸出手來輕觸他的手，道別，優雅離開。當時花園裡的花姹紫嫣紅、風情萬種，襯托得女孩的離開更加驚豔。

也不知過了多少年，男孩已經變成了男人，女孩也變成了女人，同學聚會，男人也去了，他也不知道自己為什麼會來，或許真的是想再見一眼那個天使一樣的女孩？不過，他並沒有見到，只是聽同學們議論，都在羨慕女人愜意的生活和愛她的老公……男人的眼前一片迷離，多年來一直忘不了那天，姹紫嫣紅、風情萬種的花之間，盛裝的女孩像個花仙子一樣，印在他的心上……

無論男人還是女人，總是要在適當的時候給自己保留足夠的自尊，在愛情完全失去時，我們唯一可以保留的，也只有自己的風度。或許也只有這樣，才可以讓那傷害你的人永遠地懷念曾經的美好。

把失去當成一種贏利，失去了才會瞭解自己的缺點，失去了才能開始懂得付出、奉獻，失去讓我們又完整了一步。不要害怕愛人的離開，不要害怕歲月的侵蝕；在迷茫的時候及時調整自己，時間會沖淡一切。不要讓自己帶一點脆弱附庸，盡情地戀愛，優雅地離開。

失去了愛情，收穫了更多

一位天真的少女期待自己能找到一份天長地久的感情，後來，她遇到一個男子，並愛上了他，她問他：「你會永遠愛我嗎？」他說：「當然，我會永遠愛你。」天真的少女以為自己終於遇到了屬於她的人生和愛情，以為自己成了那百分之一的幸運兒。可是，事實並不如願，有些事、有些人總是在不經意間改變。相處三年，他和她分手了。天真的少女曾經以為會恨無情的他，可是，她後來才發現，原來她恨不起來。不知為什麼，就是恨不起來。只能自己安慰自己，算了，既然他選擇了另一個人另一段開始，那自己就該放手，因為愛情已經遠去，留戀是沒有用的，傷心也無濟於事。

一段感情的結束，意味著另一段感情的開始。愛，總叫人無奈。失去，雖然會心痛，可是，如果註定要失去，就勇敢地面對現實吧！長痛不如短痛，與其一錯再錯，不如儘早抽身出來。愛情是奢侈品，得到了是幸福，失去了也要好好活下去。失去，也是為了更好地得到。失去愛情，你或許就會獲得其他更多的東西。

因為愛，我們想要，想得到；因為愛，我們相處，怕失去。在得與失之間，在相處時，在面對誘惑、選擇、機遇時，矛盾、困惑才會產生。愛就意味著付出，使對方幸福，不計回報，如果你失去了她，不過是回歸你原來的狀態，你如果還愛，就繼續愛下去，那是你的自由。你如果不愛了，你可以重新尋找、選擇。

當她不愛你的時候，也一定要祝福她。有了愛，便不該有恨。愛是美好的，恨卻醜陋。何必讓生命中最美好的東西化做醜惡呢？也不要覺得不公平。

當她不愛你的時候，請輕輕擁抱一下回憶裡的溫暖，輕柔地凝視一下凋謝的溫柔。當他不再愛你的時候，請你深深呼吸，瀟灑地和過去說再見吧！灑脫一點，或許你就會得到更多。

智慧品人生

當他不愛你的時候，請不要在他的面前流眼淚；當你生病的時候，請不要告訴他，因為，他無法給予你照顧和關心，至多是同情一下。請驕傲的你，不要放棄本來屬於你的驕傲。雖然太多的人，在愛的面前丟失的太多，連站起來的勇氣都沒有，何來驕傲？只是，要記得，只有愛你的人，才會真正地去疼惜你，而不是旁觀的同情。

4・放下也是成全

愛不是占有，是成全。在愛情的世界裡，你成全了他，而你自己，卻感受著被動的幸福。也許有一天，當你聽他說起他的故事，你會很欣慰，欣慰於自己當初的選擇。

——《比我幸福》

愛不是占有，是成全

相遇本身其實並沒有早晚。假如你們早一些相遇，或許早就分道揚鑣了，甚至連普通朋友都做不成。正因為被傷害過，才知道愛情裡疼痛的分量，甚至超過生命。於是很小心地經營，很小心地讓愛找到避風的港灣，要幸福，一定要幸福，哪怕僅僅是被動的。

愛他就要讓他幸福，哪怕這幸福不是自己給的。當你看到你曾經真愛的那個人，如今像個孩子那樣開心、幸福的時候，你本身也該寬慰了。因為是你當初的退出，是你當初的大度，成全了他，成全了他們的幸福，真正成全了一段美好的姻緣。

後悔本身就意味著背叛。如果當初選擇分手，就不要回頭，也決不能回頭。既然想好了要走，就走得瀟灑一點，別讓彼此的心都疲憊了，也找不回曾經摯愛的那個人。

愛不是占有，是成全。也許有一天，當你看到你曾經深愛的他過得很幸福的時候，你會覺得自己很偉大，並且還會有很多很多的快樂陪伴左右。當你發現自己做了一件很有意義的事的時候，你的快樂、滿足感自然滿溢。當你真的可以放下一段感情，去成全他們的時候，你會覺得自己真的很偉大。如果你愛一個人，而你不能給他幸福的時候，請轉身離開，成全他的幸福。這樣，你的生活也會變得美麗，你還會得到很珍貴的情誼。

放下了對別人的仇恨，就是解脫了自己，成全了別人。幸福，並不能通過法律或傳統意義上的教條換來。幸福是一種感覺，跟所愛的人在一起，即便是白開水下掛麵，那也是稀哩嘩啦的快意，跟不愛的人在一起，滿漢全席擺在你面前，你也吃得索然無味。記住，放棄一段不合適的愛情，就是成全。

成全也是高尚

許多時候，放手是解脫，是成全，也是高尚，全身而退也是精彩，遠遠地遙望和祝福也是深情。這中間雖然有無可奈何和些許的憂傷，但是，生命是如此厚重寬廣，成全了對方，也成全了自己的碧海藍天。我們要學著去感恩和寬容，成全別人也成全自己。

阿洋和小佳相戀三年後結婚，結婚才不到兩年，就以離婚收場。因為在婚後一年的時候，阿洋出差時遇到了一個比他小兩歲的女孩。阿洋的家裡只有他一個男孩子，家裡人一直都當他小孩子。小佳對他也是這樣，對他的關心無微不至，家裡大小事全是小佳一個人做。回到家有現成的飯菜，吃完了就坐在電腦前玩遊戲，他的衣服襪子髒了就脫下來丟在一邊……在他看來，小佳對他一切的好，全是應該的，他心安理得地接受著，從沒想過付出……

小佳知道這件事以後，設法阻止他們來往。但是阿洋的一次次欺騙，使他們之間的吵架次數越來越多。阿洋說他再也受不了這樣吵下去的生活，小佳也很想像書裡或電影裡說的那樣理智，用智慧來對付那個女孩，道理小佳雖然都懂，但她卻沒有採取理智的方法去解決……

他們的吵架越來越激烈，這都是因為那個女人而起，為了她，甚至鬧到了離婚的地步，阿洋還出手打了小佳。阿洋的眼神可怕得嚇人，小佳感覺阿洋再也不是愛她的老公了。小佳一直以為她不出聲，忍下去，會等到阿洋回頭，但她真的做不到……最後，小佳決定要退出這個辛苦的戰役。

她走得很瀟灑，她笑著祝福他們，祝他們幸福！如果兩個人真的不能在一起了，放棄執著，成全別人能夠過得幸福又何嘗不是明智的選擇呢？

為人處世時要「忍一時風平浪靜，退一步海闊天空」，在愛情中，也是如此。當一份愛，一份感情沒有了，還死皮賴臉地守著最初的甜言蜜語幹嘛呢？其實，有一種愛叫做放手，別死纏亂打，放下，才能解脫，才能自在，這對自己對別人都是一樣。

也許你曾經因為年少無知，不懂愛情，傷害過自己最愛的人，後來才知道自己原來愛她。愛一個人很難，放棄自己心愛的人更難。愛一個人，不是征服也不是占有，而是無條件地給予。如果你不能親自為她披上嫁衣，就請停止解開她衣袖的手。

智慧品人生

愛，難分對錯，如果你智慧地分清楚了，那就應該學會放下。放下，是精神代謝，一個不懂得放下的人，如同一個只會進氣、不會撒氣的氣球，早晚會爆。並不是所有的情意都能纏綿；並不是所有的相遇都能同行；並不是所有的愛戀都能長廝守。愛人可以走，但是，曾經的情意帶不走。面對轉身的愛情，真誠地道一聲「一路保重，祝你幸福！」比硬著心腸說狠話好。

第八章 修身養性，心隨意動——愈放下境界愈高

人生，其實是個修身養性的過程，就像練氣功一樣，不能有半點的私心雜念，否則很容易前功盡棄。人生不如意十有八九，生活的瑣碎，羈絆著人們前進的步伐，若想獲得成功，就要排除私心雜念，甩開無用的包袱，不斷向前探索，求你所求，人生才會不同凡響，你的修身養性也就到達了頂峰。

1.凡事帶有幾分禪心，就會有所悟有所得

有時候，總覺得放不下一些事情，那只是因為心中有太多的雜念。困擾我們的是自己的心靈，而不是當下的生活，如果能以一顆平常心去對待生活中的一切，就會祛除心中的雜念，享受一種不平凡的人生。

禪心三字：真、善、美

禪只有三個字，即真、善、美！真、善、美總是令世人嚮往的。世人都渴望事事做到盡善盡美，做人也考慮面面俱到，但世無完人，這樣做只會累死自己，並讓你深陷於一種無法超越的心理負擔中。

古時候有一對父子，一天，兩人趕著一頭驢進城，子在前，父在後，半路上有人笑他們：「真笨，有驢都不騎。」父親聽了，便叫兒子騎上驢，自己跟著後面走。走了不久，又有人議論：「這個兒子可真是不孝，小小年紀騎著驢，卻讓年邁的父親牽驢。」聽了這話，父親馬上把兒子抱下來，自己騎上驢背。走了一會，又有人說：「這個

人真是狠心，自己騎驢，讓孩子走路，也不怕把孩子累壞了。」父親聽了，又連忙叫兒子也騎上去，他心想：這下總該沒人議論了吧！誰知沒走多遠，又有人說：「這驢真可憐，如此瘦的身體要承受兩個人的重量。」

沒辦法，父子倆人只好把驢子的四隻腳綁起來，一前一後用棍子扛著，以為再也沒有人議論了。在經過一座橋時，驢子因為不舒服，掙扎了一下，誰想就這樣淹死在河裡了！

生活中，很多人無論做人、做事都太過於在乎別人的看法，人家講什麼，他就聽什麼！結果都得到了或輕或重的教訓。

其實，何必呢？只要你認為是對的，就堅持去做，可以參考他人的意見，但卻沒必要一味地聽任別人的指揮！給自己少一點壓力，才能活得輕鬆自在。

生活是美好的，為什麼卻把自己活得很累，真的是生活中充滿了煩惱和痛苦嗎？或許，只是人失掉了一顆禪心。

智慧品人生

人們往往不肯讓自己的內心有一刻清靜，一天到晚總是不停地忙著，身累心更累。究其根源，無非是欲望深重而又無法實現而已。人生短促，與其背負著一身的欲望而痛苦著，不如放下貪執，瀟灑地欣賞人生路上的美好風景。

2．懂得放下，擁有一顆真正的平常心

平常心不是不求進取，平常心也不是消極。平常心是一種境界，平常心是積極人生，平常心是無私奉獻。在面對得失、成敗、勝負時，要時時提醒自己與眾人保持平常心。平常心，不可無，不可變，更不可丟。用平常心看待不平常事，則事事平常。平常心正因為「平常」，所以「總不平常」。

感悟平常心

平常心即無貪欲的心，平常心是擺平自己的心，沒有高低起伏的情緒，無是無非，平常心如水，水在高處是平的，在低處也是平的。古人有言：「平常心是道」。這句話的大意就是說：要眠即眠，想坐就坐，熱時取涼，寒時向火，沒有任何矯飾，得失毫不縈心。如果刻意追名逐利，有心造作攀求，終日患得患失，就會喪失平常心的和諧性、平衡性，從而轉化為異常心、反常心。

人們常常不是在成功的掌聲鮮花中變得飄飄然而止步不前，就是在失敗的打擊中變得心灰意冷而一蹶不振；不是在贏了的時候目空一切得意忘形，就是在輸了的時候萬念俱灰垂頭喪氣；不是讓榮譽成為包袱而變得患得患失畏首畏尾，就是用一時的屈辱將自己整個人生塗得一片漆黑……儘管各不相同，皆因缺少了一顆平常心，既拿不起，又放不下；既贏不得，又輸不起。心境失去平靜，生活失去平和，整個人生就像那老式座鐘上的鐘擺，永遠不得安寧地在兩極情緒間起落掙扎，品嘗著綿綿無盡的焦慮與惶恐、無奈與苦澀、疲憊與怨怒、失落與惆悵。這種人如同背負著沉重的包袱趕路，總是活得氣喘吁吁。

其實，如果你深入想一想，成敗得失都有其自然法則，毀譽褒貶皆為平常的道理。只要懷著一顆平常之心，我們就能做到豁達而不失節制，恬淡而不失執著，寧靜而不失勤謹。

世界上任何一個人在人生旅途中，都不可避免地會有得意，有失落，有成功，有失敗，人的情緒和心境，也會隨之起起落落，大喜大悲，一下子迷茫無助，一下子又柳暗花明，一下子前途無量，一下子又萬丈深淵。如果懂得這一切都是組成完整人生必不可少的內容，人生大起之時，也是下落的序幕，人生落到最低谷，也是積蓄力量醞釀大起的前奏，保持一顆平常心，只有這樣才能迅速地調整好自己。

炒股虧了，是因為這種事情本身就有風險，盈虧都不是意外；愛人掙錢比別人少，無職無權沒關係，只要你們依然有愛就好；長官提拔了別人，你應該多發現別人的長處，多找找自己的不足，然後加倍努力，用更好的工作成績、更認真的工作態度去贏得領導與同事的認同……

既然生活賜予了我們憧憬明天的權利，我們就應該常懷一顆平常心，正確對待得失，帶著希望上路，享受生命或艱險或平順的每一個過程，活出一個完整而真實的自己！

平常心就是那一股恬淡灑脫、氣定神閑的心態。「寵辱不驚，看庭前花開花落；去留無意，觀天上雲卷雲舒。」擁有一顆平常心，如同擁有一台美妙的豎琴，讓我們的心靈沉浸在歡欣、激昂的樂曲裡；宛如向我們的心靈世界播撒陽光、雨露，滿溢波濤與浮光；宛如我們的心純淨澄碧，融於自然萬物中，與浪花、波濤共舞。所以，讓我們以一種平常恬靜的心態去品味與珍惜生活中的酸甜苦辣，去滲透與超越人世間的功名利祿，於平凡之中做出不平凡的業績，從而獲得瀟灑充實的生活，享受人生的最高境界。

用平常心給自己一個無壓力的人生

只要壓力適度，承受力就會變強，適應性也會變得越來越好，輕鬆前進，變壓力為動力——這正是「輪胎」的特點，那麼，面對壓力，我們就來做一隻最好的輪胎吧！氣不足，就打點兒；氣太足，就放掉一點兒，無論在哪裡使用，什麼樣的路面，輪胎都要能夠適應，並且跑得輕鬆愉快。對自己說：我一定要做一隻最好的輪胎，還要有「備用輪胎」——這就是面對壓力的平常心，以平常心來營造一個無壓力的人生。

如果一個人的心理壓力過大，就會產生焦慮、憂鬱、恐懼和緊張等不良心態，使人的能力和潛力不能充分發揮，陷入惡性循環，從而損耗人的精力和時間，甚至還會危害到人的身心健康。

「天下本無事，庸人擾之而煩耳。」作為世界上最高級的智慧生物——人，我們狹小的心靈空間不是用來裝不愉快和煩惱的，我們脆弱的神經不是用來承受一次次無端打擊的。

如果你總是把心理負擔背負著不肯放下的話，那麼遲早會支撐不住，因為那些負擔會變得越來越重，最後把你壓倒。在這個世界上，沒有什麼是放不下的，把該放下的東西放下來，用一顆平常心來面對工作、學習和生活，那麼，生活才會充滿陽光，日子才會充滿歡愉。

人生在世，長長短短，聚聚散散，不是每人處處、事事、時時，都能通達到完美。人，一定要有一顆平常心。「得而不喜，失而不憂。」平常心、平常態，才是人活世間的至高境界。平常心是清靜心，是光明心；平常心是敬業心、正直心。扔掉那些背在身上不該背著的東西，還給自己一份灑脫、一份質樸。用平常心給自己一個無壓力的人生。

智慧品人生

只有當你真正地放下，用平常心去對待，才會展現出最完美的狀態。「饑來則食，睏來則眠。」既平常又不平常。同平常，仍與常人一樣，餓了就吃，睏了就睡，高興就笑，傷心就悲；不同平常，使生命更加真誠、清澈，了無心機，隨緣而往，不矯揉造作，不怨天尤人。其行為和心境平常又不平常，不平常又平常。

3・放下雜念，享受人生

有些事放不下，是因為心中有太多的雜念。只有心不動，才不會受到外物的影響；只有放下雜念，才不會被世事所迷惑；只有放下身上的負擔，才能找到心靈的家園；只有放下雜念，才能真正地享受生活。無論在何處，都要保持一份安靜平和的平常心。

放下雜念，享受真實人生

做人，做個堂堂正正的人其實很容易，只要我們調整自己的心態。

一天，多年未見的女友來到居里夫人家做客，忽然，女友看見夫人的小女兒正在玩英國皇家學會剛剛獎給她的一枚金質獎章，大吃一驚，忙問：「瑪麗亞，能夠得到一枚英國皇家學會的獎章，是如此高的榮譽，你怎麼可以讓孩子拿著把玩呢？」

居里夫人笑著對女友說：「我只是想讓孩子從小知道，榮譽就像玩具，只能玩玩而已，絕不能永遠守著它，否則，永遠都將一事無成。」

「名利、聲望」是許多人想得到的，有的人用畢生的時間去追求它，但是卻得不到它。一味追求名譽的人想讓人家看到他的長處，其結果偏偏只讓別人看到了他的短處。像這些為「名利、聲望」所驅使，不顧自身的興趣與快樂拚命苦幹的人，多半不會留下不朽的遺物。反而是那些追求真理與美善，避開邪想，公然向世俗挑戰並且蔑視它的錯誤之人，往往得以不朽，這是為什麼？「這只是因前者過分順應世俗，而後者能夠大膽反抗的緣故。」哲學家叔本華如此回答。

其實，就「名聲」這個單詞本身而言，有好名聲，也有壞名聲，還有不好不壞的名聲。喜歡好名聲，鄙視壞名聲，這是人之常情。有人稱名聲為人的第二生命；有人認為，名聲的喪失，有如生命的死亡。名聲是一個人追求理想、完善自我的必然結果，但不是人生的目標。一個人如果把追求名聲作為自己的人生目標，處處賣弄自己，顯示自己，就會丟失人類正常的理智。

然而，丟失了正常的理智時，就會迷失自我，不是你想幹什麼就幹什麼，而是名聲要你幹什麼你就得幹什麼。倘若真的如此，人生道路就會陷入迷途甚至步入邪惡之領地。

「人有雜念思慮多，煩惱多半自找尋；如若放下天地寬，事事縈心必苦累。」把自私自利放下，把名聞利養放下，把五欲六塵的享受放下，把貪嗔癡慢放下……

掌握自己的心

從前，有一個懶惰至極的人，想要得到一勞永逸的方法。所以他就進到深山密林裡，找到了一個智者。這個智者告訴他：「我可以給你一個大惡魔，他能為你做任何事情，但千萬要小心，你一定得想辦法使他隨時有工作可做，否則的話，他就會把你給吃掉。」這個人說：「世界上可以做的事情多得是，不必擔心，我會很容易就找些工作給惡魔去做。」在此人的再三乞求下，智者就召喚來惡魔並送給了他。

於是，此人高高興興地帶著惡魔回到了家，他要惡魔幫他建造一棟豪華宮殿，惡魔一下子就造好了。他要幾百個奴僕，惡魔用手指一彈就出現了幾百個僕人。這個人開始有些迷惑了「到底是怎麼回事？」他問到：「我要什麼東西，你就馬上把它變出來，而且甚至還花不了一秒鐘的時間。」惡魔說：「快給我工作做吧！不然我就要把你吃了。」這個人嚇得趕快跑回智者那兒，請智者說明。智者就從自己的頭上拔下一根捲曲的頭髮交給這個人，吩咐道：「把這根頭髮拿去給惡魔，叫他把它弄直。」於是惡魔便開始不停地在弄著這根卷了又直，直了又卷，永遠也弄不直的髮絲。

其實，這個故事只是要告訴我們，每一個人都常常會受到這個惡魔的搗蛋，給它一根捲曲的頭髮，當你控制了這個惡魔之時，同時也是你控制自己內心的時候。

人，很多時候都需要逆向思維。我們在一念之間會做出的事很多，也許一念之間你會喜歡上或愛上某個人，也許一念之間你會作出人生中的一個重大抉擇，也許你此時正在某個十字路口徘徊，不知情歸何方，人歸何處……一念之間，可以造就你，也可以毀滅你；可以讓你生，也可以讓你死。人需放下的，太多太多。控制自己內心，就能放下得越多，所得自然也就越多。

智慧品人生

有些事放不下，是因為心中有太多的雜念。在必要的時候，放下是一條解脫之道！放下就是快樂，放下就是輕鬆！記住自己是獨一無二的、絕不雷同的我。因此，不要在乎別人怎麼看怎麼說，過自己想過的生活，做自己想做的事情，因為，你是活在自己的世界裡，而不是活在別人的嘴巴裡。

4．找到自己喜歡的生活方式

生活是什麼？其實，它只是一種姿態。生活在不經意間自然會成為一種習慣。不要試圖強迫自己去改變，強迫自己去適應周圍人的生活。只要你覺得現在的自己是很幸福的，該怎樣就怎樣，因為一切無需刻意，無需掩藏。自自然然、簡簡單單才能夠得到真正的快樂。

尋找適合自己的

說起快樂，很多人總會情不自禁地羨慕別人的生活，以為那就是最快樂的享受。其實，不切實際地改變自己，不但得不到簡單和快樂，反而會喪失簡單和快樂，徒增麻煩和苦惱。

《伊索寓言》中有這樣一則故事：城市老鼠和鄉下老鼠是一對好朋友。有一天，鄉下老鼠寫了一封信給城市老鼠，信上這麼寫著：「城市老鼠兄，有空請到我家來玩，在這裡，可享受鄉間的美景和新鮮的空氣，過著悠閒的生活，不知你可有興趣過來坐坐？」

城市的老鼠接到這封信後，高興得不得了，立刻動身前往鄉下。到那裡後，鄉下老鼠拿出很多大麥、小麥，放在城市老鼠面前。城市老鼠不以為然地說：「原來這就是你說的悠閒生活啊？你怎麼過的是這種清貧的生活啊，住在這裡，除了不缺食物，什麼也沒有，多麼乏味呀！還是到我家玩吧，我讓你見識見識什麼才是真正的悠閒自在。」

於是，鄉下老鼠就在好奇心的唆使下跟著城市老鼠出發了。到了城裡以後，鄉下老鼠頓時張大了嘴巴，看到那麼豪華、乾淨的房子，他非常羨慕。想到自己在鄉下從早到晚，都在農田上奔跑，以大麥和小麥為食物，冬天還得在那寒冷的雪地上搜集糧食，夏天更是累得滿身大汗，和城市老鼠相比，自己簡直太不幸了。

兩隻老鼠互相寒暄了一會兒，城市老鼠就把鄉下老鼠領到了餐桌上，準備享受美味的食物。突然，「砰」的一聲，門開了，有人走了進來。他們嚇了一大跳，飛快地躲進牆角的洞裡，鄉下老鼠嚇得忘了饑餓。鄉下老鼠想了一會兒，戴起帽子，對城市老鼠說：「還是鄉下平靜的生活比較適合我，這裡雖然有豪華的房子和美味的食物，但每天都緊張兮兮的，倒不如回鄉下吃麥子來得快活。」說罷，他昂首挺胸地回到了鄉下。

這則寓言讓我們看到了兩個不同個性、習慣的老鼠，他們喜歡不同的生活方式，即使都曾經對不同的世界感到好奇、有趣，但是，他們最後還是都回到自己所熟悉的生活圈子中去。

我們在有生之年，也應該接受生活的本來面貌，以自己喜歡的方式生活，所追求的應當是自我價值的實現以及自我的珍惜。當然，你絕不可能讓每個人都同意或認可你所做的每一件事，但是，一旦你認為自己有價值，值得重視，那麼，即使你沒有得到他人的認可，你也絕對不會感到沮喪。如果你把「不贊成」或者「不喜歡」視作生活在這一星球上的人不可避免地會遇到的非常自然的結果，那麼你的幸福就會永遠是自己的。因為，在我們生活的這個星球上，人們的認知都是獨立的，人人都在為自己而活，只是活著的方式不同罷了。找到屬於自己的就足夠了。

當你看清了自己，看清了別人，看清了環境，看清了客觀條件之後，就要堅定地走自己的路，朝著既定的目標勇敢前進，就要「咬定青山不放鬆」，不要因為一些外在的因素而放棄。不僅要有明確的目標，而且要目標堅定，不為外物所動，在當今紛爭複雜的社會中，堅定自己的節操，維護自己高貴的人品，甘於寂寞和寧靜，不為錦衣玉食，高官厚祿所動，而是淡泊明志，堅定自己的生存方式，以自己所喜歡的生活方式生活，才是人中精品，智者中的智者。

保持自己的本色，快樂最重要

有些人認為擁有無數金錢，讓自己躺在金錢的懷抱裡盡情享受，什麼也不做那便是一種幸福；還有人認為自己擁有了很多自由支配的時間，便是一種別人無法理解的幸福；年輕人認為能在自己喜愛的事業上拚搏出一番驚人的成就，便是一種幸福；老年人認為能長時間與自己的兒女生活在一起安享晚年，便是一種幸福；也有人認為同時擁有金錢與時間，便是人世間難得的幸福；還有人以為能永遠與自己心愛的人在一起那便是一種無可替代的幸福……人們對幸福的理解可謂千變萬化。

西方哲學家說過：「世上永遠不會有兩片完全相同的樹葉。」即便人與人有著如何的相似與相近，但本質上卻還是有著完全的不同。因而誰也不可能讓別人取代了自己或自己取代了別人，因為別人眼裡的幸福不一定就是你的幸福，適合你的也不一定適合別人。

有個生活十分富裕的女人，她總是在感嘆自己生活的種種不如意，她說：「如果誰願意讓我拿十萬元錢來買十年的青春，我寧願去換。」可是時間怎能倒流？誰又能成為她的賣主？想通之後，她不再抱怨什麼，而是立足現實，靜下心來享受屬於自己的生活，白天的上班時間自由自在，業餘時間與朋友同學聚聚會、旅旅遊、聊聊天或參加腰鼓隊。自此之後，她活得有滋有味兒，無論哪個朋友見到她都說她好像一下子就年輕了十歲。

簡而言之，適合別人的不見得就適合你，你眼中別人的幸福，或許於別人來說正是一種苦難也未可知；而你擁有的或許正是別人羨慕的，雖然或許暫時困難重重，但畢竟是暫時的，只要你目標明確並為之努力，幸福或許就在不遠的地方向你招手。找到最適合自己的生活方式，活出自己的味道，哪怕再苦再累也是甜的。難道不是這樣嗎？

智慧品人生

忙碌的生活或許掩蓋住了太多的衝動，可是即使再忙碌，也應該時常整理自己的思緒，不要讓它變得麻木，要讓它依然充滿活力，變得年輕。保持自己的渴望，在一個合適的時間裡，去放飛自己的情懷，別讓它在不經意間悄悄地滅亡。

有一種心態叫放下

貳

有一種心態叫放下 貳

作　　者　黃冠誠

發 行 人　林敬彬
主　　編　楊安瑜
編　　輯　陳佩君
美術編排　于長煦
封面設計　劉秋筑

出　　版　大都會文化事業有限公司　行政院新聞局北市業字第89號
發　　行　大都會文化事業有限公司
11051台北市信義區基隆路一段432號4樓之9
讀者服務專線：(02)27235216
讀者服務傳真：(02)27235220
電子郵件信箱：metro@ms21.hinet.net
網　　址：www.metrobook.com.tw

郵政劃撥　14050529 大都會文化事業有限公司
出版日期　2012年2月初版一刷　2014年3月初版七刷
定　　價　220元
ISBN　978-986-6846-04-5
書　　號　Growth-044

4F-9, Double Hero Bldg., 432, Keelung Rd., Sec. 1,
Taipei 11051, Taiwan
Tel:+886-2-2723-5216　Fax:+886-2-2723-5220
Web-site:www.metrobook.com.tw
E-mail:metro@ms21.hinet.net

國家圖書館出版品預行編目資料

有一種心態叫放下 貳／黃冠誠著. -- 初版. -- 臺北市：大都會文化, 2012. 2
　　面；　公分. -- (Growth；44)

ISBN 978-986-6846-04-5（平裝）

1.人生哲學　2.修身

191.9　　　100021217

大都會文化　讀者服務卡

書名：**有一種心態叫放下 貳**

謝謝您選擇了這本書！期待您的支持與建議，讓我們能有更多聯繫與互動的機會。

A. 您在何時購得本書：_____年_____月_____日

B. 您在何處購得本書：__________書店，位於__________(市、縣)

C. 您從哪裡得知本書的消息：

1.□書店　2.□報章雜誌　3.□電台活動　4.□網路資訊

5.□書籤宣傳品等　6.□親友介紹　7.□書評　8.□其他

D. 您購買本書的動機：（可複選）

1.□對主題或內容感興趣　2.□工作需要　3.□生活需要

4.□自我進修　5.□內容為流行熱門話題　6.□其他

E. 您最喜歡本書的：（可複選）

1.□內容題材　2.□字體大小　3.□翻譯文筆　4.□封面　5.□編排方式　6.□其他

F. 您認為本書的封面：1.□非常出色　2.□普通　3.□毫不起眼　4.□其他

G. 您認為本書的編排：1.□非常出色　2.□普通　3.□毫不起眼　4.□其他

H. 您通常以哪些方式購書：(可複選)

1.□逛書店　2.□書展　3.□劃撥郵購　4.□團體訂購　5.□網路購書　6.□其他

I. 您希望我們出版哪類書籍：（可複選）

1.□旅遊　2.□流行文化　3.□生活休閒　4.□美容保養　5.□散文小品

6.□科學新知　7.□藝術音樂　8.□致富理財　9.□工商企管　10.□科幻推理

11.□史地類　12.□勵志傳記　13.□電影小說　14.□語言學習（____語）

15.□幽默諧趣　16.□其他

J. 您對本書(系)的建議：

____

K. 您對本出版社的建議：

____

讀者小檔案

姓名：______________ 性別：□男 □女　生日：____年____月____日

年齡：□20歲以下 □21～30歲 □31～40歲 □41～50歲 □51歲以上

職業：1.□學生 2.□軍公教 3.□大眾傳播 4.□服務業 5.□金融業 6.□製造業

7.□資訊業 8.□自由業 9.□家管 10.□退休 11.□其他

學歷：□國小或以下 □國中 □高中／高職 □大學／大專 □研究所以上

通訊地址：______________________________

電話：（H）______________（O）______________ 傳真：______________

行動電話：______________E-Mail：______________

◎謝謝您購買本書，也歡迎您加入我們的會員，請上大都會文化網站 www.metrobook.com.tw 登錄您的資料。您將不定期收到最新圖書優惠資訊和電子報。

有一種心態叫放下 貳

北區郵政管理局
登記證北台字第9125號
免貼郵票

大都會文化事業有限公司

讀者服務部　收

11051台北市基隆路一段432號4樓之9

寄回這張服務卡〔免貼郵票〕
您可以：
◎不定期收到最新出版訊息
◎參加各項回饋優惠活動

大都會文化
METROPOLITAN CULTURE

大都會文化
METROPOLITAN CULTURE

大都會文化
METROPOLITAN CULTURE

大都會文化
METROPOLITAN CULTURE